前言

中国的历史传统和制度导致长期以来农村女性在土地权益上不平等（《全国妇联关于在深化农村改革中维护妇女土地权益的提案》，2018）。随着城市化进程的推进，土地权利的缺失使得农村女性因土地流转、入股、征用等产生的收益往往得不到保障（中国妇女社会地位调查课题组，2001，2013），不同性别的财产不平等问题在城市化进程中进一步放大。2012—2018年中国家庭追踪调查（CFPS）数据显示，土地征用给农村男性的收入带来高达28.3%的涨幅，却并未给农村女性的收入带来显著上涨。与此同时，承包地及宅基地权利缺失使得农村女性无法离开家乡，从而阻碍了其外出从业发挥比较优势。2015年全国1%人口抽样调查数据显示，16—49岁农村女性的非农从业比例比男性低约38.5%。在此基础上，大规模农业现代化还将

释放大量农村劳动力，如果其中的女性劳动力因土地权利缺失而被束缚，那么，劳动力资源配置低效的现象将进一步加剧，对经济增长产生的负面影响也将进一步凸显。2019 年的数据显示，中国城镇化率已经达到 60.6%，未来 20 年将是中国城市化快速推进的阶段，如果农村女性土地权益问题在当前的土地确权工作中得不到关注，那么在未来发展中，由城市化而导致的性别财富不均及劳动力资源配置低效问题将会更加严重。

现有文献在关注中国土地问题及城市化问题时，往往会忽视性别视角。因此，我们认为，迫切需要引入一个理论和实证分析框架，以探究农村土地权利界定的性别差异对城市化进程中性别财富差距进一步拉大的影响，以及农村性别失衡、家庭暴力、女性劳动力资源配置低效等一系列社会现象的影响，并且理解农村土地确权过程中保障女性土地权益对城市化进程中性别财产平等、劳动力资源配置及女性地位的促进作用。

中国农村女性土地权益长期得不到保障。尽管《妇女权益保障法》《农村土地承包法》等法律明确规定土地权益男女平等，但在事实上，自 20 世纪 80 年代我国第一轮土地承包开始，农村妇女的土地承包经营权益得不到保障、"宅基地分男不分女"的现象即在全国范围内广泛存在（中国妇女社会地位调查课题

组，2001）。绝大部分女性在承包土地经营权证及宅基地使用权证上没有登记姓名，导致农村妇女对承包土地及宅基地的实际占有、利用、收益的权利更是远远小于她们名义上拥有的权利（王景春，2003）。2018 年，女性在宅基地使用权证上没有登记姓名的比重高达 80.2%（《全国妇联关于在深化农村改革中维护妇女土地权益的提案》，2018）。

然而，中国女性并非生来就不享有土地权益。事实上，唐朝以前，女性是拥有土地权利的，成年女性与成年男子一样，可以分配土地并缴纳赋税。从隋末唐初开始，女性被剥夺了土地权，成年女性不能作为独立个体分配到土地，而是需要依附父亲、丈夫和儿子，地位明显降低。丧夫无子的情况下，女性被丈夫族人收回土地房产无家可归的案例在史料及文学作品中屡见不鲜（王丹利、周文，2020）。可见，国家针对土地制度的微小改变就能对女性地位产生严重影响。

2010 年，我国开始在全国范围内全面铺开土地承包经营权确权登记试点工作。农村土地承包经营权确权登记对于加强妇女土地权益保护而言是一个重要的机会。2014 年，《农业部、全国妇联关于在农村土地承包经营权确权登记颁证过程中维护妇女土地权益的会谈纪要》明确表示，"各地在开展土地承包经营

权确权登记颁证工作中，要高度重视保障妇女的土地权益。权证和登记簿上要有妇女的名字，保证农村妇女土地承包权益不挂'空挡'"。"证上有名"对于维护农村妇女土地权益具有里程碑意义，首先可使妇女拥有对承包地平等的知情权和决策权，其次可让妇女在婚姻关系发生变化时主张权利。随后，多省（区、市）政府在农村土地承包经营权确权登记颁证工作方案中明确指出要保障妇女权益，有的地区同级妇联组织甚至加入确权登记颁证工作领导组中，以保证农村妇女土地权利在确权登记颁证过程中得到保障。然而，仍有部分地区不够重视本次农村土地承包经营权确权登记过程中保障女性权益的问题。《全国妇联关于在深化农村改革中维护妇女土地权益的提案》（2018）披露的数据显示，直到 2018 年，仍有 30.4% 的女性在土地承包经营权证上没有登记姓名。2018 年、2019 年和刚刚召开的 2021 年两会提案中均有涉及农村女性无法享有平等的土地权益保障的提案（全国妇联，2018；陆銮眉，2019；陈中红，2021），说明农村女性土地权益问题仍然突出。

然而，既有文献往往从文化及经济角度分析性别不平等的成因，鲜有文献从政府政策导致的性别差异角度进行分析。土地政策对于解决农村问题尤其重要，农村土地权益分配也是影

响农村性别不平等的最重要的政策之一。随着城市化进程的推进，土地权益分配的性别差异不仅会导致性别财产不平等的进一步加剧，也会阻碍我国"人口红利"的二次释放。但是，既有文献研究中国的土地问题及城市化问题，往往忽视了性别视角。其主要原因在于土地权益分配性别差异难以度量，这一差异作用于性别不平等产生的内生性问题难以有效解决。本书尝试突破这一研究瓶颈，拟利用新一轮农村土地确权过程中保障农村女性土地权益的政策执行力度差异，构建保障女性土地权益指标。与此同时，利用保障女性土地权益力度的地区差异和政策全面推行的时点差异，构造面板双重差分作为识别策略。在此基础上，研究农村土地权益分配的性别差异对性别财富差距的影响、农村性别失衡、家庭暴力、农村女性从业结构和劳动生产率的影响，以及保障女性土地权益对女性地位及经济效率的促进作用。

　　本书的研究不仅能为在农村土地承包经营权确权登记中保障农村妇女的土地权利提供学理依据，为接下来农村宅基地确权过程中保障女性权利提供理论支持，也对推进中国女性地位的提高和经济效率的改善、推动男女平等基本国策更好落实具有重要的理论价值和现实意义。

目 录

上 篇
女性土地权益的失去

下　篇

女性土地权益的失而复得

上　篇

女性土地权益的失去

第一章　汉至隋：女性享有土地权益

中国女性并非生来就不享有土地权益。事实上，自秦汉至隋前期，女性是拥有土地权利的，成年女性与成年男子一样，可以分配到土地，并缴纳赋税。

第一节　两汉时期女性的土地权益

秦汉盛行军功爵制，即按军功爵及其他身份的不同，享有不同数量田宅的制度，这与后世以官品和男女劳动力等级的不同而分配不同数量土地的"占田制""均田制"不同。这是商鞅变法建立起来的土地制度，直到西汉，依照军功爵制，受田的

数量可能有变化，但受田的原则没有变。

对于女性受田的情况，我们可以从《二年律令》中得到相关信息。《二年律令》是 1983 年从湖北江陵张家山 274 号汉墓中发掘出来的，它是系统研究汉代律法最直接的史料，内容涉及西汉社会、政治、军事、经济、地理等各个方面。《二年律令》包括《贼律》《盗律》等 23 篇。其中《置后律》规定，女性可以取得户主身份，可作为户主受田。《置后律》中有两条规定与女性受田相关。第一条律文是说寡妇继为户主，按独生子继承户主的规定受田宅。如果寡妇不应当继为户主者，则她可独立门户，也可受田宅。第二条律文是说女子继承为户主后又出嫁了，如果丈夫遗弃妻子或丈夫死亡，妻子仍恢复为户主，田宅仍归妻子所有。因此，汉代女性不仅可以从政府处获得田产与宅基地，还拥有财产继承权，取得户主身份。

　　寡为户后，予田宅，比子为后者爵。其不当为户后，而欲为户以受杀田宅，许以庶人予田宅。毋子，其夫；夫毋子，其夫而代为户。夫同产及子有与同居数者，令毋贸

卖田宅及入赘。其出为人妻若死，令以次代户。[1]

女子为父母后而出嫁者，令夫以妻田宅盈其田宅。宅不比，弗得。其弃妻，及夫死，妻得复取以为户。弃妻，畀之其财。[2]

秦汉时，女性不但享有从政府处分配得到土地的权利，还享有财产及爵位的继承权。女性不但对父母的财产享有继承权，对丈夫的财产同样享有继承权。《二年律令·户律》规定，汉朝家庭财产在继承上存在继承次序，依次是：子、父母、寡妻、女、孙、耳孙、大父母、同产子。从这条律文可以明显看出汉代律法有保护妇女财产权的意思。《二年律令·置后律》则记载，女性可以嗣爵，尽管仍是以男性为先，若无男性才可使女性嗣爵。

---

[1] 这段话来源为《二年律令·置后律》，是说寡妇继为户主，按独生子继承户主的规定授予田宅。如果寡妇不应当继为户主者，则她可独立门户，也可受田宅。

[2] 这段话来源为《二年律令·置后律》，是说女子继承为户主后又出嫁了，如果丈夫遗弃妻子或丈夫死亡，妻子仍恢复为户主，田宅仍归妻子所有。

为县官有为也，以其故死若伤二旬中死，皆为死事者，令子男袭其爵。毋爵者，其后为公士。毋子男以女，毋女以父，毋父以母，毋母以男同产，毋男同产以女同产，毋女同产以妻。诸死事当置后，毋父母、妻子、同产者，以大父，毋大父以大母与同居数。[1]

第二节　两晋南北朝时期女性的土地权益

西晋实行占田课田制，女性的土地权益同样得到了保障。西晋占田令规定：占田，男子一人70亩，女子30亩。这说明，朝廷根据人口分发耕作田地时，女人能够得到一块属于自己的土地。男女具有相同的分得土地的权利，也就是说，女性具有在小农经济时代的生存基础，一定程度上不再作为男性的附庸。

当然，权利总是与义务同行的。女子在享有从政府处分配得到土地的同时，必须承担相应的赋税和徭役。西晋占田课田

---

[1] 来源为《二年律令·置后律》，说的是其中关于女性袭爵的规定。

制同样规定，课田，丁男课田 50 亩，丁女 20 亩。户调式则规定，男为户主的户每年纳绢 3 匹、绵 3 斤，以妇女为户主或次丁男为户主的户每年征收减半。

南北朝时期，女性的土地权益同样得到了保障。北魏初年，在宗主督护制下，官府对辖区内的户籍、田数都无从掌握，徭役、赋税也无从征调。太和九年（公元 485 年），孝文帝下均田令，实行均田制。均田制经历了东魏、西魏、北齐、北周、隋，直到唐建中元年（公元 780 年）才废弛。在授田方面，据《通典·食货典·田制》记载，均田制规定：男子 15 岁以上，受露田 40 亩，妇人受露田 20 亩，麻田，男子 10 亩，妇人 5 亩；身死或年满 70 岁，须还露田于官，麻田则为世业田，不须还官。

同样的，女性也必须承担相应的赋税义务。北魏时规定，一夫一妇出帛 1 匹，粟 2 石；15 岁以上的未婚丁女 4 人，从事耕织的奴婢 8 人，耕牛 20 头，租调相当于一夫一妇的数量。

第二章　隋、唐：女性为什么丧失了土地权益？

第一节　隋唐时期的人口与赋役

隋朝初年，女性仍享有从政府处分配得到土地的权利。隋文帝建朝之初，在北齐、北周均田的基础上，继续实行均田制。开皇二年（公元 582 年），隋文帝杨坚颁布均田令，规定：成年男丁每人受田 80 亩，妇人每人受田 40 亩。同时，隋初的赋役法规定，男女 18 岁以上为丁，丁受田纳赋服役。

在中国封建历史时期，小农经济是绝对的经济基础，农业

是封建王朝中央政府财政收入的重要组成部分，因此，人口数量以及垦田面积是中央政府财政收入的重要保障，也是衡量一个王朝综合实力的重要标准。然而，由于魏晋南北朝时期各个政权之间混战不断，人口凋敝，土地兼并现象突出，当时政府真正控制的户口数量其实已经非常有限。据《资治通鉴》记载："时民间多妄称老、小以免赋役，山东承北齐之弊政，户口租调。"公元581年，在隋朝建立的前夕，北周政府登记在册的户口数量实际上只有3 599 604户，人口估计也仅一千多万。

为了增加在编户口，保证政府财政收入，隋文帝采纳左仆射高颖的建议，制定了具有赋役定额、应减应免、计算人户资产以定户高低等各项标准的定式，称为"输籍定样"，颁布诸州。赋役轻减与"输籍定样"的颁布，招徕了部分逃亡农民，使他们重新列为编户。同时，隋文帝还"命州县大索貌阅[1]，户口不

---

[1] 具体指隋朝在一系列政治经济改革中推行的一项用以整顿户籍和赋役的措施。隋初，农民隐漏户口、诈老诈小的现象极为严重，直接影响到国家财政收入和对劳动力的控制。为了查实应纳税和负担徭役的人口，隋文帝于开皇五年（公元585年）下令州县官吏"大索貌阅"，即按户籍上登记的年龄和本人体貌进行核对，检查是否谎报年龄，诈老诈小。通过检查，大量隐漏户口被查出，增加了政府控制的人口和赋税收入（《中国古代史上册》）。

实者，里正、党长远配；皆令析籍，以防容隐"。(《资治通鉴》)
这进一步增加了政府能控制的户口数量，大大扩大了赋役范围。
到了公元 606 年，距离统一战争也仅仅 17 年时间，当时的全国
登记在册户口数量居然高达 8 907 536 户，人口直逼 5 000 万。

劳动力的大幅增长直接为农业生产提供了充足的劳动力，
垦田面积在公元 589 年至隋炀帝时期翻了将近三倍，一度达到
了 55 854 040 顷。同时，隋朝时期的农田水利工程建设投入巨
大，同时取得的成果也是十分可观的。文帝和炀帝都进行了大
规模的农田水利建设。这种水利建设的修建分两个方面进行，
一方面是对隋朝之前由于战争原因或地理原因不断荒废的水利
工程进行修复，重新恢复其原有的灌溉作用；另一方面，就是
新建了诸多水利工程，比如杨尚希在主政蒲州之时就率领民众
引水灌溉，修筑堤坝。卢贲担任怀州刺史之时，就相继修建了
利民渠、温润渠。人口数量的激增、垦田面积的增加以及水利
设施的兴修，直接为隋朝的农业经济发展奠定了坚实的基础。
从储备方面来看，隋王朝中央政府依靠每年的赋税征收已经储
藏了大量的粮食。

图 2-1　隋朝主要粮仓[1]

---

[1]　隋朝统治者为了转运粮食方便，在全国相继设置了多个粮仓，以应对地
　　　方遭遇水灾、旱灾或者蝗灾而引发的大面积饥荒。当时隋朝修建的主要
　　　仓库有黎阳仓、河阳仓、常平仓、广通仓、含嘉仓等，这些粮仓有的归
　　　地方政府管理，有的直接隶属于中央政府管理。

图 2-2　含嘉仓 160 号仓窖[1]

第二节　免除女性赋役

由于天下承平日久，劳动力增多，国库充盈，隋炀帝即位后（公元 604 年），废除了妇女、奴婢和部曲的课税。这是古代赋税史上的一大变革。从此，妇女成为法律意义上的不课口。

---

[1]　含嘉仓，始建于隋大业元年（公元605年），被称为中国古代最大的粮仓。经考古发掘，遗址面积40多万平方米，共有圆形仓窖400余个。大窖可储粮1万石以上，小窖也可储粮数千石。

据《隋书》卷二十四志第十九《食货志》记载："炀帝即位，是时户口益多，府库盈溢，乃除妇人及奴婢部曲之课。"

第三节 取消女性受田

一、唐代政府授田

由于取消了妇人课役，隋炀帝大业元年（公元605年），随之取消了妇女受田（郑学檬，2000）。这成了妇女被取消受田的开端。取消妇人课役这一做法的初衷虽然是为了减轻妇女负担，但是因课税被免除了，妇女授田也相应地被取消，对后世女性地位的负面影响巨大。

唐初均田制在隋朝基础上略作了修改，但针对女性的土地权益，仍延续了隋大业元年的规定：妇女一般情况下不受田。唐初认定的妇女受田的情况仅包括寡妇、女尼及女道士。《大唐新语》及《新唐书》均记载，"丁男（21—60岁男子）及18

岁以上中男各受永业田（北魏称桑田）20 亩，口分田（北魏称露田）80 亩，老男、残疾人、寡妇等受田略少，约为其半数左右"，同时规定"有夫之妇女不受田"。

与此同时，唐朝的租庸调制采用隋炀帝的新制，不再取妇人课役。据《旧唐书·玄宗纪》记载，唐代人口分"课口"和"不课口"两类。本人免课役，称为"不课口"。不课口包括：（1）贵族和外戚的亲属；（2）九品以上的官员；（3）学生以及孝子顺孙、义夫节妇同户的人；（4）老（60 岁以上）、残废、重病人、寡妻妾、部曲、客女（女自由人）、奴婢；（5）有勋的百姓；（6）新附户暂免课役。

据《通典》记载，公元 755 年（天宝十四年），天下人口总数 5 291.9 万，其中不课口人数 4 470 万，课口人数 820.8 万。不课口中的女自由人和未成年人占总人口的四分之三，为 3 352.5 万，不课口中的男人加奴婢的数量则为 1 117.5 万。

二、唐代律法中关于女性继承父亲与丈夫土地产权的规定

虽然政府取消了对妇女授田，但在唐朝，政府还是保留了

女性继承父亲与丈夫土地产权的权利。这使得女性在夫死无子情况下被丈夫族人夺走土地田产的案例在唐朝大大减少。女性继承父亲土地产权的情况往往发生在父母亡故又没有直系男性继承人的时候。《唐律疏议》卷十二《户婚律》记载，在父母亡后无男性继承人，即既无嫡子，又无庶子，也无嫡孙、庶孙的情况下，未出嫁或招赘婿的女儿原则上是家产的第一继承人。

表2-1 唐宋户绝家庭中女儿继承权的对比

律法	《唐令拾遗·丧葬令》	《宋刑统·户婚律》
关于其他财产的继承权	"诸身丧户绝者，所有部曲、客女、奴婢、店宅、资财，并与女。无女，均入以次近亲，无亲戚者，官为检校。若亡人存日，自有遗嘱处分，证验分明者，不用此令。"——在父母亡后无直系男性继承人，所有财产由亲女继承	"户绝财产尽均给在室女及归宗女"，"今后户绝之家，如无在室女、有出嫁女者，将资财、庄宅物色除殡葬营斋外，三分与一分"——在室女、出嫁女、归宗女给付份额不等。"在室女"可获得全部份额，"在室女"之下，给家产比较多的是"归宗女"，份额最少的是"出嫁女"
关于农田土地的继承权	并无针对农田土地的特殊规定	"请今后户绝者……如有庄田，均与近亲承佃。"——在没有直系男性继承人的情况下，农田土地由近亲继承，而非由女儿继承

《唐令拾遗·丧葬令》第二十一条"身丧户绝"条也明确规定："诸身丧户绝者，所有部曲、客女、奴婢、店宅、资财，并与女。无女，均入以次近亲，无亲戚者，官为检校。若亡人存

日，自有遗嘱处分，证验分明者，不用此令。"这就是说，在父母亡后无男性继承人，即既无嫡子，又无庶子，也无嫡孙、庶孙的情况下，所有财产由亲女继承，其次为近亲，如果没有近亲，则由官府收没。

然而，政府取消对妇女授田对女性地位的负面影响依然在逐渐凸显。从唐朝到宋朝，对户绝家庭女儿继承农田土地的约束在不断收紧。唐代对亲女继承户绝家庭农田土地并无限制。然而到了北宋，在没有直系男性继承人的情况下，女儿也不能再继承父母的农田土地。北宋之初，大理卿窦仪等编纂的《宋刑统》中，《户婚律》中规定："请今后户绝者，所有店宅、畜产、资财，营葬功德之外，有出嫁女者，三分给与一分，其余并入官。如有庄田，均与近亲承佃。"也就是说，在没有直系男性继承人的情况下，农田土地由近亲继承，而非由女儿继承。这是女性地位下降的标志性事件，表明女性土地权益的进一步丧失。

此外，比较《宋刑统·户婚律》和《唐令拾遗·丧葬令》我们还可以发现，宋代对女性的继承权作了进一步的限制。《唐令拾遗·丧葬令》规定在父母亡后无直系男性继承人的情况下，所有财产均由亲女继承；而《宋刑统·户婚律》则对女儿的继

承权作了区分，设置了在室女、出嫁女、归宗女^[1]给付份额的等差。"在室女"可获得全部份额，"在室女"之下，给家产比较多的是"归宗女"；份额最少的是"出嫁女"，规定"今后户绝之家，如无在室女、有出嫁女者，将资财、庄宅物色除殡葬营斋外，三分与一分"，即，即使在没有直系男性继承人的情况下，出嫁女也只能得到父母财产的三分之一，而非全部。我们将唐代及宋代户绝家庭中女儿继承权的规定搜集整理，详见表 2-1。

我们接着分析寡妇继承夫家农田土地及其他财产的情况。无论在唐代还是宋代，寡妇在夫死无子且不改嫁的情况下都享有对丈夫农田土地及其他财产的继承权。唐代《开元·户令》在规定夫家财产继承时指出："子承父分，寡妻无男者，承夫分。"由此可见，寡妇继承夫家财产主要出现在夫死无子的时候。如果丈夫去世，没有儿子，这时的妻子就可以代位继承丈夫的财产份额。《唐六典》卷三则进一步指出："诸应分田宅及财物者，兄弟均分……兄弟亡者，子承父分……寡妻妾无男者承夫分。"即如果丈夫去世，没有儿子，则寡妇可以继承丈夫的农田

---

[1]　在宋代，女性以婚姻为界限分为三种：未婚的为在室女，已婚的为出嫁女，而因为离婚或者夫死等各种原因又回到娘家的则称为归宗女（《唐令拾遗·丧葬令》《宋刑统·户婚律》）。

土地及其他财物份额。《名公书判清明集·户婚》及《宋会要辑稿·食货》各自记载，"寡妻守制而无男者，承夫分"，"妇人夫在在日已与兄弟叔伯分居，各立户籍，之后夫亡……庄田且任本妻为主"，这说明寡妇对丈夫的农田土地及其他财产份额均享有合法继承权。《名公书判清明集·户婚》还记载了一个寡妇继承亡夫田地财产的案例，宋代有个叫方天禄的人，他死时没有亲生子，妻子才十八岁；他的族人认为，方天禄之妻很难为他守志；但法官认为："但未去一日，则可以一日承夫之分，朝嫁则暮义绝矣。"承认方天禄之妻有继承权。寡妇未改嫁，就必须保护她的合法权利。

综上所述，我们可以看出，在唐代，尽管政府取消了对妇女授田，但仍保留了女性继承父亲与丈夫土地产权的权利。而到了宋代，女性不仅没有受田权利，对父亲及丈夫土地权益的继承权也在逐渐受到限制——寡妇仍可以继承丈夫的农田土地，女儿却丧失了对父亲农田土地的继承权。但总体来看，由于寡妇对丈夫农田土地的继承权仍在，所以女性在夫死无子情况下被丈夫族人夺走土地田产的案例在唐宋较少见。

第三章　宋至清：女性土地权益的
　　　　进一步丧失

第一节　宋朝至元朝

由于北宋王朝并非是依靠农民起义建立起来的，所以政府并未掌握大量无主荒地；而且，为了取得大地主的支持，北宋采取了"不抑兼并"的政策，因此，并未有大规模的政府授田的举措出现。政府控制的官田主要有官庄、屯田、营田等名目。

元代同样没有大规模向平民授田的举措。元代的官地主要来自宋金的官田，宋金皇亲国戚、权贵的土地和掠夺的民田，

以及经过长期战乱所形成的无主荒地。元政府把所掌握的官田一部分作为屯田，一部分赏赐给王公贵族和寺院僧侣，余下的则由政府直接招民耕种，收取地租。

因此，宋、元女性的土地权益主要表现在女性对本家及对夫家土地的继承。正如在第二章中所分析的，宋代女性在丈夫亡故无子的情况下享有对丈夫农田土地份额的继承权，但是在父母俱亡且没有直系男性继承人的情况下女儿却丧失了对父亲农田土地的继承权。元代在女性的继承制度上并没有创新，基本沿袭了宋代的政策。

第二节　明朝至清朝

一、政府授田

明朝建立之初，经历了累年战争，人口稀少，土地荒芜。为了尽快恢复经济，朱元璋规定允许百姓垦荒田为己业，将无田人口迁移至人口稀少地区开荒垦种，如著名的"江西填湖广"

就发生在这一时间段。洪武三年规定"召民耕，人给十五亩，蔬地二亩，免租三年"，又"令四方流民各归田里，丁少地多者，不许多占，丁多地少者，验丁拨给荒田"。这些措施有效地召回了流散人民，迅速促进了人民生活的安定和农业生产的恢复。然而，土地依然是按"丁"分配的，这里的"丁"仅指男丁（栾成显，2000）。

清初同样经历了政府大规模授田。明末农民大起义以及清初人民的反抗斗争，延续了半个世纪之久。长期的战争导致大量的农民死亡，土地严重荒废。清政府建立后的第八年（公元1651年），全国土田只有2 908 584顷，仅及明末农民大起义（公元1626年）前夕的39%。康熙六年（公元1667年），各省荒田尚有四百余万顷，耕地面积仅占明代的一半左右（江太新，1982）。清政府在这种情况下鼓励垦荒，随着荒田逐渐垦辟，雍正以后，各省逐渐改变原来谁能开多少，就让其尽力开垦的方针，提出了按丁授田的新办法，以解决流移人口对土地的需求。如四川巡抚宪德建议"一户给水田三十亩，或旱地五十亩，如有兄弟子侄之成丁者，每丁增给水田十五亩，或旱地二十五亩"（《世宗实录》卷六十七），陕西巡抚张楷建议"陕省荒地应以五十亩为率，有父子兄弟俱系壮丁者，酌量加增"（《高宗实录》

卷一百四十六）。可以看出，清初按丁授田基本仅给男性分配土地。

在了解了女性无法从政府处受田之后，我们接着分析明清赋役制度，我们可以将明清赋役制度简单概括为：赋税的主体是田亩和成年男性，并不针对女性征税。

明朝初年，赋税基本上是沿用唐代杨炎的两税法，即每户按资产交纳户税，按田亩交纳地税。除赋税外，凡16—60岁的男性（丁男）均承担徭役。也就是说，没有针对女性的赋税。明代自英宗以后，皇帝不理朝政，宦官把持朝政，比如英宗正统时的王振、宪宗成化时的汪直、武宗正德时的刘瑾等都是权倾一时。与此同时，土地兼并成风，日甚一日。明朝中期，土地兼并和赋税奇重的情形造成了户籍人口数和田赋实征亩数大量减少。弘治四年（公元1491年），全国人口为910万户，比明初洪武年间减少了45%，全国的田赋实征亩数也由明初的850余万顷，减少为402万顷，严重影响了以田赋为主的明朝的财政收入。因此万历年间，宰相张居正推行一条鞭法。按照一条鞭法的规定，以前由丁男承担的徭役，现在摊入田亩，即"摊丁入地"。丁男和田亩各多少比例，无统一标准。有的地方以丁为主，以田为辅，采用"丁六粮四"比例，也有的丁粮各半。

总之，明朝赋税的主体是田亩和成年男性，并不针对女性征税。

清朝建立后，基本沿袭了明朝的税收制度。清初以明代的一条鞭法征派赋役。由于丁银负担极为繁重，山西等地每丁纳银至四两，甘肃巩昌至八九两。农民被迫逃亡，拒绝交纳丁银。于是康熙五十一年宣布，以五十年（公元1711年）全国的丁银额为准，以后额外添丁，不再多征，这叫作"圣世滋丁，永不加赋"。

二、针对女性的继承政策

我们接着分析明清针对女性的继承政策。首先分析涉及女儿的继承权。明清两代女儿通常情况下是没有继承权的，但是父母俱亡且无直系男性继承人的家庭，即户绝家庭的女儿作为例外有权继承父亲的财产。

然而，与唐宋相比，明清女儿的户绝财产权急剧缩小，只有户绝且无同宗应继之人才能继承财产。也就是说，与唐宋相比，户绝家庭女儿的继承权排在嗣子之后。哪怕根据法律户绝且无嗣子的家庭女儿应当享有继承权，孤女孤立无援，财产受人染指的现象也并不罕见。〔雍正〕《湖广通志》中记载了一个

孤女的财产遭受族人觊觎的案例，尽管最后官府判决财产归孤女所有，但足以见得女儿获得财产继承权之艰难。

> 刘孝女，荆门州人，父无子，颇钟爱，诲以书史。比长毅然以门户自任，誓不字人。父亡，族欲夺其产，且趣令嫁女，愆诉于官，有司义之，仍以产归女。

这一案例中，刘家因既无亲生子也未从族内选择嗣子，所以刘女依照明代律法，可以继承父亲的财产，但是这引起了族人的觊觎，族人逼迫刘女出嫁，刘女无奈之下诉于官府，最后在官府的帮助下刘女才根据继承权获得了财产。

我们接着分析寡妇的继承权。根据明代法律的规定："凡妇人夫亡无子守志者，合承夫分，须凭族长择昭穆相当之人继嗣。"可以看出，与唐宋相比，明代对寡妇的继承权做了更多限制：首先，寡妇必须先选择继嗣之人才能获得亡夫财产，而唐宋法律并不要求寡妇必须选择继嗣之人；其次，继嗣之人必须由宗族尊长确定，而唐宋法律规定若选择继嗣之人，则必须先由寡妇认可。明代的这两点限制大大增加了寡妇继承亡夫财产的难度，给了族人夺取土地田产的机会。我们以明代颜俊彦所著《盟

水斋存牍》中的一则故事来加以说明。

> 审得刘氏故夫叶少璋无出，刘氏孀守，继嗣未定也。
> 何叶自新垂涎绝产，不念兄肉未寒，遽兴词讼嫂，指为篡
> 继叶伯生。审伯生，少璋族侄也。刘氏无立继之命，伯生
> 无承祧之迹，逞强横生，诬妄可恨。今照伯生疏属，自不
> 得继少璋之产，废办衣棺，所存无几，应听刘氏生膳死葬，
> 自行执掌，亲族不得攘，日后所余，方许自新次子廷光承
> 受，自新犯义合杖。

上例中，刘姓妇女因丈夫去世而无子嗣，必须过继同宗之子才能继承亡夫财产，无奈其丈夫之弟叶自新为了谋夺其兄财产，诬指叶伯生为刘妇的过继子，最后官府判定同宗之人不得再谋求刘妇遗产，一切需听从刘妇自己的意见。

然而，明清时期，寡妇事实上仅仅享有丈夫财产中的农田土地管理权，而其所有权是归嗣子的。各地习俗中广泛存在寡妇自身无权售卖田产房产的情况。我们从《民事习惯调查报告录》（南京国民政府司法行政部，2005）中摘录了江苏和福建多个县寡妇无权售卖田产房产的习俗。《民事习惯调查报告录》是

根据清末和民国时期各县向中央汇报的当地民商事习惯整理编撰而成。这次调查是第一个在全国范围展开的有代表性的大规模民事与商事习惯调查。该报告记载了清末民国时期 500 多个县的民商事习惯。

《民事习惯调查报告录（一）·江苏省各县习惯》中记载：

嫠妇绝卖田产，须亲族出名见卖，始能发生效力。

按：江北各县，凡嫠妇绝卖田亩，除出卖人于契内署名签押外，另须相当之亲族，以见卖人地位同在契内列名画押。缘嫠妇单独卖田，族人横加干涉，易生纠葛，买主不肯轻予买受，于买卖上颇有窒碍倘有相当之亲族出名见卖，一切纷争可以解除，庶可保交易上之安全，此该习惯成立之原因也。

《民事习惯调查报告录（一）·闽清县习惯》记载：

嫠妇卖产。

闽清习惯，嫠妇与人缔结契约，典卖祖（租）遗业产，

须经亲族同意、署名签字。若本夫手置业产，订约典卖，亦必经房内一二人在见签字，方生效力。

从这两个案例可以看出，尽管名义上寡妇在夫死无子的情况下选立嗣子可以获得丈夫的农田土地及其他财产，事实上并不完全享有其财产的所有权。

我们对唐宋与明清女性对农田土地的继承权做一对比。从表 3-1 我们可以看出，针对女儿对父母农田土地的继承权，唐朝户绝家庭女儿可以获得父母农田土地的全部继承权，而宋朝和明清女儿都不再享有父母农田土地的继承权。从表 3-2 可以看出，针对寡妇对丈夫农田土地的继承权，唐宋寡妇在丈夫无子的情况下，只要不改嫁就享有丈夫农田土地的继承权，而明清寡妇则必须要在族内长老为丈夫选立嗣子的情况下才能获得丈夫的农田土地份额，事实上已经丧失了对丈夫农田土地的继承权。

表 3-1 唐、宋与明清户绝家庭中女儿继承权的对比[1]

朝代	唐	宋	明、清
关于其他财产的继承权	在父母亡后无直系男性继承人，所有财产由亲女继承	对在室女、出嫁女、归宗女继承份额作了区分。"在室女"可获得全部份额，"在室女"之下，给家产比较多的是"归宗女"，份额最少的是"出嫁女"	"户绝财产果无同宗应继之人，所生亲女受承受。"——只有户绝且无同宗应继之人才能继承财产，女儿的继承权排在嗣子之后
关于农田土地的继承权	并无针对农田土地的特殊规定	在没有直系男性继承人的情况下，农田土地由近亲继承，而非由女儿继承	户绝家庭女儿不能继承农田土地

---

[1] 依据:《唐令拾遗·丧葬令》《宋刑统·户婚律》《大明令·户令》《大清律例》。

表 3-2 唐、宋与明清寡妇对丈夫财产继承权的对比[1]

朝代	唐	宋	明、清
关于其他财产的继承权	"寡妻无男者,承夫分。"——如果丈夫去世,没有儿子,这时的妻子就可以代位继承丈夫的财产份额	"寡妻守制而无男者,承夫分"——如果丈夫去世,没有儿子,只要妻子不改嫁就可以继承丈夫的财产份额	"凡妇人夫亡无子守志者,合承夫分,须凭族长择昭穆相当之人继嗣。"——寡妇必须经过族内长老选择继嗣之人才能获得亡夫财产,事实上丧失了对丈夫财产的继承权
关于农田土地的继承权	"诸应分田宅及财物者,兄弟均分。……寡妻妾无男者承夫分。"——如果丈夫去世,没有儿子,则寡妇可以继承丈夫的农田土地	"妇人夫在在日已与兄弟叔伯分居,各立户籍,之后夫亡……庄田且任本妻为主。"——妻子可以继承丈夫的农田土地	

三、女性不作为独立纳税个体

从隋大业元年政府取消给女性授田开始,女性就不再是国家的直接纳税人了,她们从社会经济生活中隐身了。到了明清,

---

[1] 依据:《开元·户令》《宋会要辑稿·食货》《大明令·户令》《盟水斋存牍》《大清律例》。

国家对女性直接参与社会经济生活作了更严格的限制，甚至不允许女性作为诉讼主体。《大明会典》规定："凡妇人婚姻、田土、家财等事，不许出官告状，必须代告，若夫亡无子，方许出官理对，或身受损害无人代告，许令告诉。"还规定"妻妾告夫及夫之祖父母、父母者，杖一百、徒三年，但诬告者绞""虽得实，杖一百"。可以看出，明清法律不将女性视为一个有单独诉讼行为能力的主体，必须在夫亡无子或身体受到巨大伤害时才得以自行上报官府，如果控告丈夫或丈夫的尊长，哪怕控告的是事实，仍要被"杖一百"。

女性不作为直接纳税人还影响了女性对"妆奁田"的所有权。"妆奁田"是指古代嫁女之时娘家所陪送的随嫁田地。唐宋时期，"妆奁田"属于妇女私人财产，如《宋刑统》卷十二《户婚律·卑幼私用财·分异财产》中规定"妻家所得之财，不在分限……妻虽亡殁，所有资财及奴婢，妻家并不得追理"，即丈夫家族分家时妻子的陪嫁属于妻子私人财产，不参与分家，嫁妆也不会因为妇女死亡而重新统归娘家，具有法律上的独立性。通过《宋会要辑稿·食货》中所记载的当时官府对涉及妇女"妆奁田"案件的判决，也可以清晰地看出宋朝的法律承认出嫁女拥有"妆奁田"的所有权。由于官府保证妇女对"妆奁田"的

所有权，所以唐宋时期妇女出嫁娘家陪嫁"妆奁田"的现象非常普遍。一般在女儿出嫁时，娘家若赠予妆奁田，就会象征性地用红纸或绸缎铺在饰盒中，再垫上谷物若干，最上面再用红纸盖上并写明田亩数目和坐落地名等。如宋人妻王氏，就会写："原有自随田二十三种，以妆奁置到四十七种。"（《名公书判清明集》，1987）。

我们接着给出唐宋时期出嫁妇女对妆奁田所有权的证据。一般认为，我国古代的财产制度是家庭财产共有制，在封建家庭中并不存在明显的财产权利划分。比如邢铁在《宋代的奁田和墓田》一文中就曾提到中国古代只有"家庭家族所有权"，不会有"个人所有权"或者"个人财产问题"的观念。又如俞江在《论分家习惯与家的整体性——对滋贺修三〈中国家族法原理〉的批评》一文中指出："在近代法制转型之前，家产尚未完全分离为个人财产。"但是从宋代的一些法令条文可以看出，宋代家庭财产中是存在一些个人私有财产成分的。比如《宋刑统》卷十二《户婚律·卑幼私用财·分异财产》中就指出"妻家所得之财，不在分限"，即表明了宋代妇女的奁产属于个人私财，妇女随嫁的奁产与婆家的财产互为区分，在财产分割时也不在分割之列，是受到国家法律保护而单列出来的特殊财产。同样

的，妇女随嫁的奁产也不再属于娘家。在北宋时期，据《宋刑统·户婚律》记载："诸应分田宅者，及财务，兄弟均分，妻家所得之财，不在分限……妻虽亡殁，所有资财及奴婢，妻家并不得追理。"由此可见，北宋时期妇女的妆奁田在国家法律规定来看是属于妇女自己的私有财产的，它既不归属于夫家财产，也不会因妇女亡殁而重新统归娘家，具有法律上的独立性。

我们从当时社会上的两个案件也可以看出当时法律对女性妆奁田所有权的认可与保护。我们首先来看当时法律对娘家族人不得染指出嫁女妆奁田的态度。如《名公书判清明集》卷九《户婚门·取赎·妄赎同姓亡殁田业》就载有一则女儿与娘家族人就妆奁田产肇生的纠纷案件，江朝宗通过淳熙十五年（公元1188年）和绍兴四年（公元1134年）两次共典到田地共三段，其中前两段田地典自江通宝。之后在嘉定五年（公元1212年），江朝宗将这三段田地拨与女儿江氏，作为女儿的随嫁田产。后江氏嫁于黄主簿为妻。但是，在江朝宗、江通宝死后，自称江通宝直下子孙的江氏族人江文辉想回赎江通宝变卖的田产，并且，"无合同典契，不候官司予夺，不候黄宅交钱，便强收田禾，显见欺孤凌寡"，可见江文辉蛮横地认为自己作为江氏后人便有权利赎回出嫁女江氏的妆奁田产，但是司法官员在判决

中断定江文辉提供的证据："多涉虚诞，碍理难以取赎。"并据此判决江文辉应在官府的监督下返还强收江氏妆奁田中的谷物，最终保护了江氏的妆奁田产，肯定了该田产属于江氏个人所有，娘家族人不得规触。同样，司法官员胡石壁也通过一则判例强调了娘家拨给出嫁女的妆奁田属于出嫁女个人的私有财产，与娘家族人无关。上述案例是在夫亡无子的情况下女性对妆奁田所有权利，根据宋代的判例，哪怕是妻亡夫在，娘家族人都无权收回妆奁田。载于《名公书判清明集》卷六的《户婚口·争田业·诉奁田》一案，是一桩兄长侵吞妹妹奁产，妹妹死后妹夫廖万英将其兄长告于官府的典型案例。案中的诉讼标的是奁田的所有权，该奁田是一片位于孟城的田地，在妹妹死后，兄长石辉侵夺妹妹奁产，"以上件田产卖与刘七，得钱四百余贯，多以还在前自妄为之债负"。妹夫廖万英想要回该妆奁田产，就把石辉告到官府。案件经南宋司法官员巴陵赵宰审理，认为该孟城田地属于奁产，石辉必须交予妹妹所有，于是判定石辉"赎回田产付廖万英"。但同时认为妇女的妆奁田应归属妇女个人所有，接着又作出如下判决："虽石辉失矣，而廖万英亦未得也，娶妻诊财，夷房之道，大丈夫磊磊落落，肯视妻争房仓中物为欣戚也。"此判决表明了法官认为妇女的妆奁田产在财产权归属

上只能属于妇女所有，即便赎回的田产因妻子的过世会交付给丈夫，该妆奁田也终究是妻子之财。

我们接着来看当时法律对夫家不得染指出嫁女妆奁田的规定。《名公书判清明集》卷八《利其田产自为尊长欲亲孙为人后》中记录了民妇张氏中年丧夫，晚年丧子，在张氏归老之时，其田产竟被夫家族人觊觎且试图霸占之。案中所争夺的田产其实是张氏的随嫁妆奁田，共 10 余种。后张氏"暮年疾忧交作，既无夫可从，又无子可从，而归老于张氏"，于是张氏就将她的妆奁田产交给自己夫家的侄子打理，自己的生养死葬也交由侄子负责。但是，夫家族人吴辰见状，欲将自己孙子立继给张氏霸占该田产。该案司法官员认为张氏"所余田是张氏自随田，非吴氏之产也"，无子的寡妇可把自己的妆奁田产带回娘家。也就是说，司法官员承认且支持张氏拥有处分自己随嫁田的权利。

再如《徐家论陈家取去媳妇及田产》一案中：陈氏嫁与徐梦彝为妻，徐梦彝死后，陈氏在其兄陈伯洪的教唆下抛弃子女携自己的妆奁田回到娘家，于是徐家就状告陈家。本案经过了两次审判，第一审的司法官员认为寡妻可携产归宗，陈氏可带走自己的奁产，但是没有详细查明所携之产的明确归属权；在二审的时候，司法官员黄干查明徐家与陈氏所争田产属于"父

给田而与之嫁"，是陈氏的随嫁田，但是也认为陈氏抛弃子女的做法不合于礼法，判决其应该回到徐家继续抚养自己的孩子。从司法官员的判词中看出，当时没有子女的寡妇是可以把自己的嫁妆带走的；而基于纲常人伦的考虑，有子女的寡妻不得携产归宗。即便如此，也看不出司法官员有否认寡妇拥有该随嫁田的态度。宋代司法官员认为宋代妇女对其妆奁田拥有所有权的立场可见一斑。

　　然而，明清妇女参与社会经济活动受到了进一步限制，女性对农田土地的所有权的进一步丧失，使得当时关于女性是否能拥有"妆奁田"所有权的案件日益增多［（明）颜俊彦，2001］。因此，明清时期妇女出嫁陪嫁"妆奁田"的现象日益减少。很多地方出现这样的风俗：女儿出嫁娘家陪嫁"妆奁田"，如果女儿生下儿子，"妆奁田"过户至外孙名下；如果女儿未生下儿子，则女儿享有"妆奁田"的租金收益，女儿亡故后，"妆奁田"重新归娘家所有（南京国民政府司法行政部，2005）。这说明，妇女已经基本丧失了对"妆奁田"的所有权。我们从《民事习惯调查报告录》中摘录了江苏和福建多个县关于"妆奁田"的习俗，从中可以清晰地看出女性对"妆奁田"所有权丧失的过程记录。

《民事习惯调查报告录（一）·淞江县习惯》中记载：

　　赠与奁田：松江县奁田习惯，须出嫁之女生有外孙，方将田单交与过户。上据调查员江苏高等审判厅推事郑烈根据奁田涉讼案内调查报告。

《民事习惯调查报告录（二）·贵池县习惯》中记载：

　　妆奁田不得变卖：殷实之家有批发产业与其女携归夫家，但此项产业只能归其女收息，不能由女变卖，其女故后，仍由母家收回，夫家不得干涉。

《民事习惯调查报告录（二）·建阳县习惯》中记载：

　　第二养膳田：建阳女子出嫁，母家若有随嫁田亩，必由其主婚者（父或母）亲笔立契，载明数量、坐落并出嫁女之名字。该契用红纸缮就以后，该田租谷即归其女收用。至女生外孙周岁时，父母再将该田官契及上手老契一并送与其女管业。倘出嫁女终身不生外孙，则不能取得官契及

老契，至死亡后，母家并得将随嫁田亩如数收回。此项田亩名为"养膳田"。

至此，妇女已经全方位地丧失了对农田土地的所有权，无论是政府授田，还是继承娘家及丈夫的农田土地，甚至是"妆奁田"。而其背后的根本原因就在于政府取消给妇女授田，妇女不再作为国家纳税主体。

四、"祥林嫂"式的悲剧

明清时期，女性既不能从政府处分配得到土地，继承父亲和丈夫农田土地及其他财产又受到法律的诸多限制，因此，明清时期女性在夫死无子情况下被丈夫族人夺走土地田产的案例屡见不鲜。

结合上文史料，我们可以得出一个总结：女性在夫死无子情况下被丈夫族人夺走田地房产的现象，其背后的根本原因就是中国传统社会中女性土地权益的缺失。从宋代开始，法律就明确规定没有直系男性继承人的情况下，农田土地由近亲继承，而非由女儿继承，比如《宋刑统·户婚律》中规定："请今后户

绝者……如有庄田，均与近亲承佃。"不过，宋代寡妇在无子的情况下还能够继承亡夫的土地田产。到了明代，法律就对寡妇在无子情况下继承亡夫财产加了诸多限制，《大明令》规定："凡妇人夫亡无子守志者，合承夫分，须凭族长择昭穆相当之人继嗣。"可以看出，与唐宋相比，明代对寡妇的继承权做了更多限制。首先，寡妇必须先选择继嗣之人才能获得亡夫财产（在土地田产上，女性没有所有权，仅有管理权，其所有权是归嗣子所有的），而唐宋法律并不要求寡妇必须选择继嗣之人；其次，继嗣之人必须由宗族尊长确定，而唐宋法律规定选择继嗣之人只需寡妇认可就行。这两点大大增加了寡妇继承亡夫财产的难度，给了族人夺取土地田产的机会。明代颜俊彦所著的《盟水斋存牍》就记载了一则寡妇在夫死无子情况下，丈夫之弟谋夺其兄土地田产的故事。

从隋朝、唐朝到宋朝，女性逐渐失去从政府处分配得到土地的权利，并不再作为赋税主体（朱庆华，2001）。隋唐被保留受田权利的女性仅包括寡妇、女尼及女道士。到了明清，几乎所有妇女都被取消受田资格了（栾成显，2000）。与此同时，比较《唐令拾遗·丧葬令》《宋刑统·户婚律》《大明令·户令》《大清律例》中关于女性继承权的条款，我们可以看出，从唐

朝到宋朝，女性失去了对父母土地田产的继承权，到明清时期，女性不仅失去了对父母的，也失去了对亡夫的土地田产的继承权。

五、女性土地权益与"社会人"资格

上文我们从时间轴上纵向分析了女性土地权益与女性"社会人"资格之间的相关性，那么本节我们接着准备从横向上对女性土地权益与女性"社会人"资格之间的相关关系进行对比分析，以进一步说明历史上女性土地权益对女性地位的重要影响。由于历史上女性土地权益时间轴上的变化很难找到地区差异，迄今为止，尚未有文献对这一变量进行系统的度量。

本部分准备用清朝不同地区女性土地权利的差异及其变迁进行度量。清朝前期，部分土司制度下的少数民族地区女性仍享有土地权利，如云南丽江木氏土司、贵州思州田氏土司治下的女性就享有土地继承和土地分配的权利（《印江县志》，1837；《丽江府志》，1922；《沿河县志》，1943）。清朝雍正四年，开始推行大规模的"改土归流"，其宗旨之一就是清查土地，增加中央赋税。其主要措施有三点：第一，收回土司控制之下的

土地，由中央集中统一按"丁"分配；第二，由流官取代土司；第三，推行儒学，实行科举制度。尽管改土归流之后中央政府收回了土司对土地的控制权，但当地女性的土地权益属于文化传统，并不会立即改变。

我们从上层社会及民间社会两个角度探究少数民族地区女性的土地权益。少数民族地区土司以男性土司为主导，女性家眷要依附于男性土司才能取得一定的社会地位。然而，当土司缺少男性继承人或其子孙因年幼无法理事时，女性就以土司的身份出现。纵观明代土司中女土司承袭例子较多，比如广西田州地区的瓦氏夫人，瓦氏夫人作为田州府土官岑猛的夫人进行辅政，在孙子、曾孙年幼的情况下上台执政。明王朝和清王朝也都在制度上承认女土司的存在，而土司本身就享有对辖区内土地和人民的控制权。少数民族地区女土司的存在是与地方习俗相关联的。以瓦氏夫人所在的田州为例，广西田州地区女性地位较高，同汉族的男主外女主内的男耕女织不一样，壮族表现为"女劳男逸"，《岭外代答》卷十《蛮俗门》记载："为之夫者，终日抱子而游，无子，则袖手安居。"在广西兴安一些地区，"男人炊爨，女人耕种"（嘉靖《广西通志》）；镇安府"天保一属，凡春耕秋获，皆妇女操作而前"（光绪《镇安府志》）。

因此，壮族女性在农业上发挥着举足轻重的作用，这就保证了她们的土地权益。

我们接着比较少数民族地区与汉族地区女性"社会人"的资格。我们仍然从女性对妆奁田的所有权这一角度来度量女性"社会人"的资格。

表3-3 少数民族地区与汉族地区女性土地权益及"妆奁田"所有权比较（民国时期）

县	省	女性土地权益	女性对"妆奁田"所有权
满城县	河北省	有	父母赠与其女之地，名为胭粉地，有立字据者，有不立字据者，果有赠与之证明，即不立字据亦属有效
平乐县	广西省	有	女有田面权，子有田底权
松江县	江苏省	无	松江县奁田习惯，须出嫁之女生有外孙，方将田单交与过户
贵池县	安徽省	无	殷实之家有批发产业与其女携归夫家，但此项产业只能归其女收息，不能由女变卖，其女故后，仍由母家收回，夫家不得干涉
建阳县	福建省	无	建阳女子出嫁，母家若有随嫁田亩，必由其主婚者（父或母）亲笔立契，载明数量、坐落并出嫁女之名字。该契用红纸缮就以后，该田租谷即归其女收用。至女生外孙周岁时，父母再将该田官契及上手老契一并送与其女管业。倘出嫁女终身不生外孙，则不能取得官契及老契，至死亡后，母家并得将随嫁田亩如数收回

县	省	女性土地权益	女性对"妆奁田"所有权
汶上县	山东省	无	父母赠与亲女田地，必立卖约与其婿或外孙
无棣县	山东省	无	无棣习惯名为胭粉地。父母赠与亲女田地，必立卖约与其婿或外孙

表 3-3 收集了民国时期《民事习惯调查报告录》中记载的各县"妆奁田"的权属情况。可以看出，在少数民族聚居地区，如河北满城县及广西平乐县，女性都享有或部分享有"妆奁田"的所有权，比如满城县的习俗是父母赠予其女的"胭粉地"，只要有赠予证明，立不立字据都有效；平乐县的习俗是女儿享有"妆奁田"的田面权。与之相反，在汉族地区，"妆奁田"的所有权要么属于娘家，女性死亡之后就由娘家收回，要么要等到女性生有外孙之后才过户给外孙，在这两种情况之下，女性都不享有对"妆奁田"的所有权。

第四章　1978—2014：女性名义及实际土地权益

第一节　法律明确土地权益男女平等

1949 年后，中国把男女平等作为基本国策。现行《宪法》第 33 条规定，公民"在法律面前一律平等"；第 48 条规定，"妇女在政治的、经济的、文化的、社会的和家庭的生活等各方面享有同男子平等的权利"。

具体到土地权益问题，《农村土地承包法》于 2002 年通过之初即对女性的土地承包经营权益作出特别规定，尤其强调女性在结婚、离婚、丧偶等生活状态变化时，在未取得新的承包

地之前，原发包方不得收回其原承包地，以防止其土地承包经营权益两头落空。之后实施的《妇女权益保障法》等法律法规及诸多中央政策文件、司法解释等，也都一再强调要切实保障农村女性的土地承包经营权益。《妇女权益保障法》第三十二条明确规定："妇女在农村土地承包经营、集体经济组织收益分配、土地征收或者征用补偿费使用以及宅基地使用等方面，享有与男子平等的权利。"第三十三条则明确指出，"任何组织和个人不得以妇女未婚、结婚、离婚、丧偶等为由，侵害妇女在农村集体经济组织中的各项权益。"

除了《农村土地承包法》与《妇女权益保障法》明确规定土地权益男女平等，各地区也出台了自己的政策，保障女性的土地权益不受侵害。比如海南省自然资源和规划厅 2020 年出台《关于农村不动产确权登记历史遗留问题处理意见的通知》，对农村不动产确权登记范围和基本工作原则、依法妥善处理宅基地取得等相关问题作出明确要求。通知明确，农村妇女作为集体经济组织成员，享有平等的宅基地分配权，其宅基地权益应记载到不动产登记簿及权属证书上。农村妇女因婚嫁离开原农村集体经济组织，取得新家庭宅基地使用权的，应依法予以确权登记，但不得再主张原农村宅基地使用权。

然而，事实上，自 20 世纪 80 年代我国第一轮土地承包开始，农村妇女的土地承包经营权益得不到保障、"宅基地分男不分女"的现象即在全国范围内广泛存在（中国妇女社会地位调查课题组，2001）。农村妇女对承包土地及宅基地的实际占有、利用、收益的权利则更是远远小于她们名义上拥有的权利，绝大部分女性在承包土地经营权证及宅基地使用权证上没有登记姓名，"证上无名"就使得妇女对于家庭共有财产的知情权、参与权和决策权无法得到保障（《全国妇联关于在深化农村改革中维护妇女土地权益的提案》，2018）。

在城市化快速推进之前，由于务农带来的收益在个人收入中所占比重较小，因此农村女性土地权益问题表现得尚不突出。然而，随着城市化进程的快速推进，土地征用和流转所带来的收益在个人收入中所占比重大幅上升，农村女性土地权益纠纷成为农村土地问题中的突出矛盾之一，相关案件日益激增。由于利益损失的凸显，近年来农村女性土地财产维权的要求已越来越强烈。据统计，"2016—2017 年全国妇联本级就收到妇女土地权益方面的相关投诉 8807 件次，比前两年增长了 182%"（《全国妇联关于在深化农村改革中维护妇女土地权益的提案》，2018）。

第二节 女性对承包地的实际权利

一、外嫁女、离异丧偶女性的承包地权利

在土地承包经营方面，农村集体经济组织，主要是村委会及村民小组通过村民自治、村规民约等形式侵害女性的承包地权益。例如，不给女性分配承包地或不按整人分配承包地，在女性结婚、离婚、丧偶等身份变化时随意收回承包地等。据第二期由全国妇联和国家统计局联合实施的中国妇女社会地位抽样调查显示，有 14.7% 的村对于娶进来的外村妇女不分给承包田；对嫁出本村的妇女，只有 2% 的村还会让她们继续保留原有的土地（中国妇女社会地位抽样调查，2001）。全国妇联第三期中国妇女社会地位调查的数据则表明，自农村土地承包期限按政策规定延长后，因婚嫁而失地的农村女性的数量随时间发展而大幅上升。"2010 年没有土地的农村女性占 21.0%，比10 年前增加了 11.8 个百分点，高于男性 9.1 个百分点，其中因

婚姻变动（含结婚、再婚、离婚、丧偶）而失去土地的女性占27.7%，而男性仅为3.7%。"

从1997年开始，我国实行农村第二轮土地承包期延长为30年不变，承包期内承包地"生不增、死不减"政策。针对婚丧嫁娶、添丁增口等造成的实际人均占地不平衡，大部分农村集体经济组织严格执行"生不增、死不减"政策，长期不调整承包地。少部分农村集体经济组织则对承包地定期进行不同形式的"大稳定、小调整"。大多数农村女性在结婚之后，依照男娶女嫁的传统模式将户口迁入夫家，并在夫家生产生活。户口迁出的女性便不再被视为娘家所在集体经济组织的成员，失去了继续承包土地的资格，其原有承包地或者被集体收回，或者被娘家占有。如果一位农村女性在夫家的二轮承包期内嫁入夫家，夫家所在的集体经济组织又长期不调整承包地，该女性实质上就成为"失地人口"。实践中，农村集体经济组织往往在分配土地时就考虑到某一家庭男性成员未来娶妻的情况，也就是说，农村女性的承包地权益事实上是在其未来丈夫家庭中，尽管在分配土地之时该名女性并不知道其未来丈夫是谁。然而由于旧版土地承包经营权证上仅有户主姓名，女性名字并未出现在土地承包经营权证上，女性对承包土地的实际占有、利用、收益

的权利往往得不到保障。

也有少量女性婚后选择户口留在娘家，或者不得不把户口留在娘家（例如农村女性与城市居民结婚但无法把户口迁入城市），有的还继续在娘家生活，成为俗称的出嫁女。出嫁女在农村通常被称为"户口应迁未迁"之人。她们虽然在娘家所在村有户口，但经常不被算为娘家村集体经济组织成员，或者不被算作"一个"完整的集体经济组织成员，因而不能享有或者不能完全享有集体经济组织成员权益，在承包土地、股份分配、旧村改造安置、土地征收补偿、村民待遇、配偶和子女安置等诸多方面被区别对待。

《全国妇联关于在深化农村改革中维护妇女土地权益的提案》（2018）数据显示，有的村规定出嫁女不享有股份或者只能享有 50% 的股份，不能分配或者只能分配部分征地补偿款，旧村改造中不能分得宅基地只能购买指定商品房；有的村规定，双女户只允许一个女儿享有股份，只允许一个女婿入赘；有的村规定，超生多于一个男孩的，在交纳了全部社会抚养费之后每个超生的男孩都可以得到集体经济组织成员资格并获得 100% 的股份，但是超生多于一个女孩的，在交纳了全部社会抚养费之后，超生的女孩中只有一个可以获得集体经济组织成员资格

和股份；有的村规定，男性离异后再婚，如果其前妻的户口仍然留在村里，则其前妻和现任妻子都各自只能获得 50% 的股份；也有的村规定，现任妻子可以获得 100% 股份，但是前妻只能获得 50% 股份；还有的村规定，男性离异或丧偶后再婚，现任妻子可以获得 100% 股份，但是招赘的女性离异或丧偶后再招赘，现任丈夫则不能获得股份或不能获得 100% 股份。

一个需要讨论的问题是，在 2003 年土地承包法和 2006 年物权法颁布之后，对村庄的土地调整进行更为严格的限制，如果村庄禁止了土地调整，此时嫁过来的媳妇更可能在夫家没有土地，而是在娘家留了一份地。娘家的土地虽然女方不可能日常经营，实际控制权在娘家，但是在征地补偿时，女方还是可能从娘家征地中获得相应补偿收益的。这种背景下，即使夫家有土地征用而没有给媳妇土地补偿，也不能说这是征地补偿中的性别歧视，因为理论上，媳妇的地在娘家，娘家的土地征用是可以给相应补偿的。这一点在现实中是否得到支持呢？

这里的关键就是法律法规与乡规民约之间的冲突，乡规民约会导致农村女性在 2003 年以后仍不能在娘家村享受到土地权益。这可能会导致我们很难看出在 2003 年前后或第二轮承包前后婚嫁的这两类女性之间存在显著的差异。尽管《妇女权益保

障法》《农村土地承包法》等法律都明确了土地承包权及宅基地使用权男女平等的原则，但是村集体组织通常还是会基于"少数服从多数"的原则，以户口转出、未履行集体义务等否定了外嫁女的集体成员资格，进一步否定其承包地及宅基地（往往见于独生女的情况）权利，哪怕在 2006 年之后。

从全国妇联和国家统计局联合组织实施的在 2003 年前及 2006 年后的两次调研来看，2001 年的第二次《中国妇女社会地位抽样调查》显示，对嫁出本村的妇女，只有 2% 的村还会让她们继续保留原有的土地；2010 年的第三次《中国妇女社会地位抽样调查》显示，出嫁女在娘家仍然往往因其出嫁不再享有集体经济组织成员资格而丧失土地权益，并没有因为村庄的土地调整严格问题而发生改变。2009—2010 年全国妇联权益部开展的"农村失地妇女土地及相关权益状况调查"的数据也显示，娘家村对农村入赘女婿及其所生子女、嫁往外地但户口及其子女户口并未迁出的农村妇女，村集体组织违反法律政策规定，限制或者剥夺"出嫁女"及"招赘女"承包集体土地，剥夺其土地承包经营权，强行收回承包地的现象很常见；同时，在农村集体经济组织分配土地补偿款时对这些人往往少分甚至不分，使他们的分配权被限制或剥夺（中华全国妇女联合会权益部，

2013）。法律与乡规民约之间还是存在着一定的差距的，在很多地区，乡规民约中这种女性土地权利得不到保障的现象很难依靠一两部法律而得到显著的改善。

二、"证上无名"

导致农村女性无法平等享受土地权益的关键在于女性在土地承包经营权证上"证上无名"。"证上无名"使妇女对于家庭共有财产的知情权、参与权和决策权无法得到保障，男性户主可能在未征得妇女同意的情况下任意处置家庭承包地、损害妇女的利益，婚姻关系发生变化时无法主张权利，面临土地征用补偿分配时也没有依据。

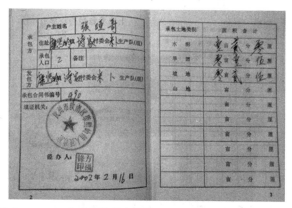

图4-1　2002年广西钦州市钦南区一家庭的土地承包经营权证

图 4-1 是 2002 年广西钦州市钦南区一家庭的土地承包经营权证，从图中可以看出，该土地承包经营权证上仅有户主名字，并没有承包方家庭成员名字。绝大部分农村家庭的户主都是男性，因此，在 2011 年开始全面推进的新一轮土地确权登记颁证之前，绝大部分女性在土地承包经营权证上没有名字。

我们进一步分析"证上无名"对女性土地权益实际所有权利的损害。我们以土地征用收益的性别差异为例。全国妇联第二期和第三期中国妇女社会地位调查的数据表明，随着城市化进程的推进，土地权利的缺失使得农村女性因土地流转、入股、征用等产生的收益往往得不到保障（中国妇女社会地位调查课题组，2001，2013）。总的来看，据全国妇联权益部在 2009—2010 年开展的"农村失地妇女土地及相关权益状况调查"的数据，女性未能得到征收土地货币补偿的比例高于男性，有将近四分之一的失地妇女没有拿到征地补偿款，63.1% 的失地妇女没有得到安置，四成多的失地妇女对安置补偿措施表示不太满意，三成的人感到生活较征地之前"变差了"（中华全国妇女联合会权益部，2013）。

针对农村妇女征地补偿权利受到侵犯的问题，我们主要需要厘清的是妇女户口仍留在本村的情况（如果妇女户口已不在

本村，则村集体往往有更充分的理由不给予其征地补偿），主要有如下几种类型，我们将其分为娘家村和婆家村两大类进行分别讨论：

（一）娘家村

1. 农村妇女同非农户口的人结婚。据第二期中国妇女社会地位抽样调查显示，38.5% 和 35.4% 的村在土地入股分红和征用土地补偿费方面不给予嫁给非农业户口而户口仍留在本村的妇女以相应的村民待遇（第二期中国妇女社会地位调查课题组，2001）。

2. 未婚姑娘及待嫁妇女。在部分农村地区，未婚姑娘及待嫁妇女往往不能获得应得的承包份额，甚至被预先取消了土地承包资格，也就没有土地分红或土地征购款分配的资格（郭正林，2004）。

3. 农村妇女与是农村户口的村外人结婚。在部分农村地区，农村妇女一旦与村外人（同样是农村户口）结婚但户口仍留在本村，其承包份地被村集体收回，而无论其是否能够从夫家所在村庄获得承包土地；同时，失去其承包土地的一切经济收益（郭正林，2004）。这种情况在 2006 年之后也没有得到根本的

改变，"农村失地妇女土地及相关权益状况调查"的数据显示，嫁往外地但户口及其子女户口并未迁出的农村妇女、在农村集体经济组织分配土地补偿款时其权利往往被限制或剥夺（中华全国妇女联合会权益部，2013）。

4. 入赘丈夫及妇女本身。在部分农村地区，入赘丈夫及妇女本身往往不能获得承包土地，或获得少量耕地，或只能分给旱地、荒地、荒坡、滩涂等次等土地；同时，没有资格享受村集体分红或其他不公平对待（郭正林，2004）。即使是在2006年之后，"农村失地妇女土地及相关权益状况调查"的数据也显示，对农村入赘女婿及其所生子女、在农村集体经济组织分配土地补偿款时对这些人往往少分甚至不分（中华全国妇女联合会权益部，2013）。

5. 离婚妇女。我们这里讨论的是娘家村情况，即离婚妇女回娘家之后的土地权益问题。据河北省农村妇女土地权益调查报告，农村妇女离婚回到娘家后，村集体不分给妇女土地的占44%（徐维华、马立成，2001）。

（二）婆家村

离婚妇女的承包土地会被丈夫强行剥夺或被婆家村集体

"合法"收回。据河北省农村妇女土地权益调查报告，农村妇女离婚后，其在前夫家的承包地被村集体全部或部分收回的占24.5%，理由往往是前夫的再婚妻子也需要分配土地（徐维华、马立成，2001）。这种情况在2006年之后也没有得到根本的改变，2009—2010年开展的"农村失地妇女土地及相关权益状况调查"的数据也显示，离婚后没有迁走户口的农村妇女、再婚上门带子女入户的农村妇女，在婆家村集体经济组织分配土地补偿款时往往也面临少分甚至不分（中华全国妇女联合会权益部，2013）。2012—2018年中国家庭追踪调查（CFPS）数据显示，土地征用给农村男性带来的收入涨幅高达28.3%，却并未给农村女性收入带来显著上涨。这些都说明，农村女性土地权益的确正在导致性别财产不平等问题在城市化进程中进一步加剧。

图4-2是在新一轮土地确权登记颁证中保护女性土地权益政策推进力度小的地区，土地征用收益的性别差异。可以看出，从2012年至2018年，土地征用带来的女性收入涨幅显著小于且持续小于男性收入涨幅。

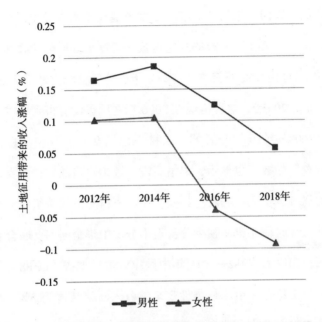

图 4-2　2010 年起土地确权中保障女性土地权益推进力度小的
地区土地征用收益的性别差异

第三节　女性对宅基地拥有的实际权利

宅基地分配方面的性别差异在中国农村更为普遍，"宅基地分男不分女"的现象在全国范围内广泛存在（中国妇女社会地

位调查课题组，2001）。中国当前的宅基地制度有着复杂的历史成因，虽然"一户一宅"是宅基地分配的基本规则，但由于宅基地分配的性别化，"一户一宅"在广大农村实质上已经普遍演变为"一男一宅"。从夫居传统使农村的宅基地分配通常只考虑男性成家立户的需求，宅基地一般也只能由男性以户主身份申请。成年女性包括招赘的女性都很难以自己的名义立户和申请宅基地，女性的名字也很少登记到宅基地使用权证上。全国妇联对农村第二轮土地承包情况的调查结果显示，"农嫁非"的女性，46%的村集体不给其分配宅基地。

2018年两会期间，全国妇联向全国政协提交了《关于在深化农村改革中维护妇女土地权益的提案》，全国政协委员崔郁系统介绍了中国传统的男婚女嫁、以男性为户主的宅基地登记给众多农村女性带来的权益损害。例如，很多地方宅基地的"从夫"属性导致出嫁到夫家的女性一旦离异往往就失去了住所，前夫不能居留，回娘家也只是寄居；出嫁女因不能独立门户而不得不留住在娘家；部分农村地区招的上门女婿不能独立门户，没有宅基地；在夫家的丧偶女性如果没有男性后代也可能被取消宅基地，甚至被逼迫再嫁搬离。宅基地申请的困难给农村女性带来的影响甚至比承包地权益受损更大，已经远远超出

了经济领域，甚至影响到农村女性的生存问题。正如全国妇联副主席崔郁在《关于在深化农村改革中维护妇女土地权益的提案》中提到，农村女性离异之后很可能陷入"房无一间、地无一垄、钱无一分"的悲惨境地；为了获得住所等基本生活保障，已婚女性可能不敢离婚，当离婚成为不可置信的威胁，农村女性遭受家庭暴力的风险显著增加；同样地，为了获得住所等基本生活保障，离异或丧偶女性可能被迫再嫁。

下　篇

女性土地权益的失而复得

第五章　农村土地确权登记颁证

第一节　2010年全面推进新一轮
农村承包地确权

近年来，我国城镇化、工业化发展的步伐不断加快，原先的土地承包制度其弊端逐渐暴露。首先，越来越多的农村人口涌入城市，在城里买房安家、工作生活的情况越来越普遍，农村人口流失成为趋势，闲置的房屋和土地也不断增多，农村土地流转逐渐成为必须。然而，历史原因导致农村地区土地归属划分不清楚、承包地块面积不准、四至不清、空间位置不明等，这些问题导致村民担心土地流转的收益得不到保证，甚至

担心陷入"以租代征"的圈套，因此这些问题大大阻碍了农村土地流转。其次，近年来随着我国农业现代化发展进程逐步加快，农村地区农业生产发展中集约化、机械化、规模化发展优势日益显现，对土地集中经营、专业化经营的需求也越来越大。而村民对土地流转的担忧也制约了农业适度规模经营和"四化"的同步发展。

为了解决上述问题，我国开始新一轮的土地确权工作。本轮土地确权工作旨在健全农村土地承包经营权登记制度，强化对农村耕地、林地等各类土地承包经营权的物权保护，完成农村土地承包经营权确权登记颁证工作。本轮土地确权登记颁证工作于 2005 年在安徽开始试点，2010 年开始在各省全面推进。

本轮土地确权工作的意义是重大的。

首先，农村土地承包经营权确权登记颁证，是全面适应现有农村基本经营制度的各项要求。能对广大农民土地承包经营权物权有效保护，能保障广大农民预期经营收益。

其次，农村土地承包经营权确权登记颁证，能有效强化农村地区经济发展活力。促使农村地区土地承包活动稳定开展，实现土地经营权稳定流转，全面推动农业规模化经营。在农村土地流转中，能保障区域农业规模化、集约化经营发展，提高

农村地区经济活力。

再次，规范化做好农村土地承包经营权确权登记颁证，是为广大农民个人收入提供诸多制度性保障。在我国诸多农村地区，农民已有的宅基地、承包土地、住宅房屋是农民群体的最大财产。广大农民获取了土地承包经营权，但是部分资金、资产、资源等难以进行有效转化。通过规范化确权，能真正实现有效赋权。这样能保障农村地区土地经营权、资产产权、林权、股权等进入交易市场有效交易，保障农村地区多项资源能有效转化，转为广大农民个人财产收入。

最后，现阶段高效化做好农村土地承包经营权确权登记颁证，能有效维护广大农民个人合法权益，对农民群体常见的多项矛盾纠纷问题集中调解。这样便于实现农村地区社会化管理，能集中有效解决多项土地承包问题，实现农村社会和谐稳定发展，加速城乡一体化发展进程。目前农村地区土地承包相关问题关乎农村地区民生、经济等领域发展。通过规范化处理，能有效维护党和政府的发展形象。确权登记实现过程，是承包地归属的过程，也是依法解决各项纠纷矛盾的重要过程。通过土地确权登记，能有效维护广大农民承包权益，还能为定分止争提供基本依据。

第二节　2018年底新一轮农村承包地
确权接近尾声

正如上文提及的，2010 年开始，各省在下辖地级市中选择一个或数个作为全面推进农村土地承包经营权确权登记颁证试点。到 2018 年，约 85% 的地市完成了土地承包经营权确权登记颁证（各省土地承包经营权确权登记颁证文件，2019）。因此，各个地级市全面开始推进农村土地承包经营权确权登记颁证的时点是不一样的。我们从各个地级市政府官网上搜集各个地级市全面推进土地承包经营权确权登记颁证文件，整理各个地级市全面推进土地确权的时点。

第三节　2019年全面推进农村宅基地确权

2018 年年底，农村承包地确权登记颁证接近尾声，宅基地

确权登记颁证开始提上日程。与承包地相比，宅基地更是农民的安身立命之本。据统计，宅基地征用给农民带来的收益远高于承包地征用给农民带来的收益。因此，宅基地确权登记颁证是农村土地制度改革中牵涉利益最复杂的领域。

十八届三中全会提出，要"赋予农民更多财产权利，保障农户宅基地用益物权，改革完善农村宅基地制度"。2019年2月19日，国务院发布《中共中央国务院关于坚持农业农村优先发展做好"三农"工作的若干意见》，也就是我们所说的2019年中央一号文件，其中，全文内容中提到要深化农村土地制度改革，将加快推进宅基地使用权确权登记颁证工作，力争2020年基本完成农村宅基地确权登记颁证工作，稳步推进农村宅基地制度改革，拓展改革试点。2020年5月，自然资源部又发出《关于加快宅基地和集体建设用地使用权确权登记工作的通知》，要求在2020年年底前，基本完成宅基地以及集体建设用地使用权确权登记工作。通过宅基地确权登记发证，依法确认农民的宅基地使用权，有效解决土地权属纠纷，化解矛盾，为农民维护土地权益、财产权益提供有效保障。

然而，由于农村宅基地制度改革牵涉利益更广，事关农村社会稳定和发展大局，政府也在逐步探索如何盘活农村宅基地，

农村宅基地确权登记尚未完全结束。比如，2015 年以来，国家在 33 个县（市、区）开展农村宅基地制度改革试点，围绕保障农户住有所居、建立宅基地有偿使用和退出机制、下放宅基地审批权限、完善宅基地管理制度等进行了探索。2020 年 6 月，中央全面深化改革委员会第十四次会议审议通过了《深化农村宅基地制度改革试点方案》，提出要鼓励农民和农村集体经济组织依法依规利用闲置宅基地和闲置住宅，发展符合乡村特点的休闲农业、乡村旅游等新产业、新业态。如何在保障农民权益的基础上盘活农村宅基地，推进农村发展和乡村振兴，这方面的探索和讨论还在进一步继续。

第六章 "证上有名、名下有权"

第一节 2014年保障女性"证上有名、名下有权"的政策

2005年，我国开始在安徽省进行土地登记试点工作，2010年，该项工作在全国范围内全面铺开。农村土地承包经营权确权登记对于加强妇女土地权益保护而言是一个重要的机会，然而，在2010年颁布的《关于加大统筹城乡发展力度进一步夯实农业农村发展基础的若干意见》及2011年下发的《关于开展农村土地承包经营权登记试点工作的意见》《关于加快推进农村集

体土地确权登记发证工作的通知》中，都没有涉及妇女土地权益保护的表述。

随着城市化进程的快速推进，土地征用和流转所带来的收益在个人收入中所占比重大幅上升，农村女性土地权益纠纷成为农村土地问题中的突出矛盾之一，相关案件日益激增。有鉴于此，原农业部和全国妇联开始高度重视农村女性土地权益问题，意识到必须要把切实保护女性土地权益作为重中之重，而新一轮的土地确权工作为加强保障女性土地权益提供了良好契机。

2014年，原农业部和全国妇联下发的《农业部、全国妇联关于在农村土地承包经营权确权登记颁证过程中维护妇女土地权益的会谈纪要》明确表示，"各地在开展土地承包经营权确权登记颁证工作中，要高度重视保障妇女的土地权益。无论采用什么标准进行登记和颁证，权证和登记簿上都要有妇女的名字，保证农村妇女土地承包权益不挂'空挡'"。"证上有名"对于维护农村妇女土地权益具有里程碑意义，不仅可使妇女拥有对承包地平等的知情权和决策权，还可让妇女在婚姻关系发生变化时主张权利。随后，多省市政府在农村土地承包经营权确权登记颁证工作方案中明确指出要保障妇女权益，有的地区同

级妇联组织甚至加入确权登记颁证工作领导组中，以保证农村妇女土地权利在确权登记颁证过程中得到保障。然而，仍有部分地区不够重视本次农村土地承包经营权确权登记过程中女性权益问题，《关于在深化农村改革中维护妇女土地权益的提案》（2018）中的数据显示，直到 2018 年，仍有 30.4% 的女性在土地承包经营权证上没有登记姓名。

第二节　"证上有名"的里程碑意义

"证上有名"对于维护农村妇女土地权益具有里程碑意义。

首先，妇女拥有对承包地平等的知情权和决策权。妇女是农业生产的主力军，权证上体现妇女的名字，有利于她们参与土地流转等家庭财产权益处分的重大决策，代表其家庭进行土地承包经营权流转、抵押等经济行为。同时，可防止户主在未征得其他家庭成员同意的情况下任意处置家庭承包的耕地和林地等，损害其他家庭成员的利益。

其次，妇女在婚姻关系发生变化时可以主张权利。权证上

体现妇女的名字，使得在婚姻变化中的妇女可以比较容易地提供权利证明。万一家庭解体，也能够在主张共有份额的分割或补偿时拿出有力证据。

再次，妇女在获得土地征用补偿分配时拥有依据。依据《物权法》《土地管理法》等法律法规的相关规定，土地权属证书是获得征地补偿的重要法律凭证。权证上体现妇女的名字，特别对那些出嫁、离异或丧偶的妇女，在要求获得土地征用补偿时，能顺利提供权利证明，减少举证的困难和障碍。

第三节　各地执行政策的力度差异

加强保障女性土地权益，做到女性"证上有名、名下有权"这一政策在具体实施过程中存在着很大的地区差异。有的地区政府在农村土地承包经营权确权登记颁证工作方案中明确指出要保障妇女权益，同级妇联组织被吸收进到确权登记颁证工作领导组中，以保证农村妇女土地权利在确权登记颁证过程中得到保障。然而，有的地区却仍不够重视本次确权登记过程中的

女性权益问题。到 2018 年，约 85% 的地级市完成了土地承包经营权确权登记颁证（各省土地承包经营权确权登记颁证文件，2011—2019），然而，在这些地级市中仍有 30.4% 的女性在土地承包经营权证上没有登记姓名（《全国妇联关于在深化农村改革中维护妇女土地权益的提案》，2018）。但考虑到这一数字来自农业部农村固定观察点，妇联对固定观察点的持续关注可能提高这些地区保障女性土地权益的水平，因此，全国平均的女性未登记名字的比例甚至会比 30.4% 更高。2021 年两会提案中仍有涉及农村女性无法享有平等的土地权益保障的提案（全国妇联，2018；陆銮眉，2019；陈中红，2021），说明农村女性土地权益问题仍然突出。

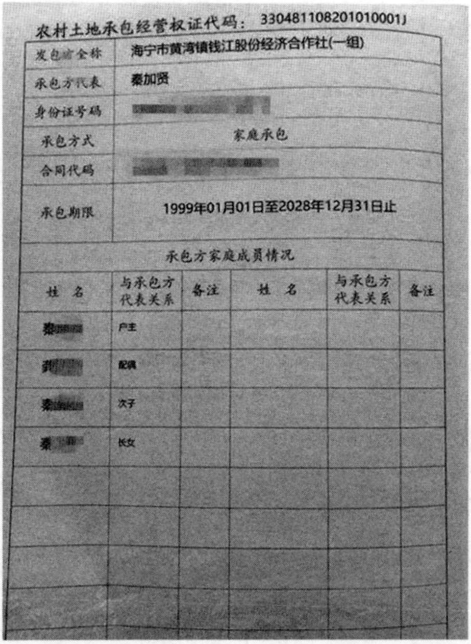

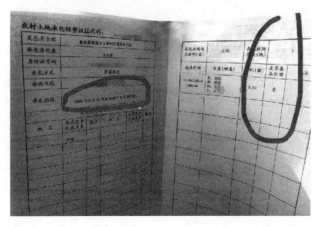

图6-1 浙江省嘉兴市海宁市2018年新版土地承包经营权证

图6-2 河南省商丘市夏邑县2017年新版土地承包经营权证

图 6-1 和图 6-2 分别是新版土地承包经营权证女性"证上有名"与"证上无名"示意图。图 6-1 是浙江省嘉兴市一户家庭 2018 年的新版土地承包经营权证。可以看出，此版土地承包经营权证上登记了该户家庭女性成员的名字（配偶、长女）。而图 6-2 是河南省商丘市一户家庭 2017 年的新版土地承包经营权证。可以看出，此版土地承包经营权证上仍然只登记了户主名字，该户家庭女性成员仍然"证上无名"。

与旧版土地承包经营权证不同，新版土地承包经营权证上增加了承包方家庭成员情况。然而，尽管在新一轮土地确权过程中注重保障女性土地权益，做到了女性"证上有名、名下有权"，但仍然有部分地区推进保障女性土地权益问题工作力度不够，做不到女性"证上有名、名下有权"。

由于缺乏地级市层面的农村土地承包经营权证上有女性名字比重的数据，我们可以用以下两个指标近似度量各地区保障农村女性土地权益的力度：一是农村土地承包经营权确权登记颁证工作领导组是否包括同级妇联组织；二是确权登记颁证工作方案中是否明确指出要保障妇女权益。

约 45.2% 的地市的确权登记颁证工作组将妇联成员包括在内；约 50.8% 的地市在农村土地承包经营权确权登记颁证工作

方案中明确指出要保障妇女权益。这两个数字虽然小于上文提及的农村固定观察点抽样调查得到的 69.6%(《全国妇联关于在深化农村改革中维护妇女土地权益的提案》，2018)，但考虑到妇联对固定观察点的持续关注可能提高这些地区保障女性土地权益的水平，因此，这两个指标能够较为准确地度量一地区保障农村女性土地权益的力度。

我们这里使用这两个指标作为度量一地区保障女性权益力度的近似指标是有依据的。理论上，余永泽等（2020）也关于使用"2007 年地方政府是否将环境目标约束写入政府工作报告中"作为其区分实验组和对照组的依据。环保部在 2007 年与各省市、自治区、直辖市签订了《"十一五"主要污染物总量削减目标责任书》，从此，环境目标约束才正式纳入各地市的官员考核指标中。面对这种冲击时，各地方政府反应各不相同，有的地方政府将环境目标约束写入政府工作报告中，明确工业污染物排放数值控制目标，有的则未将其列入。该文章将各地政府是否将环境目标约束写入政府工作报告作为区分实验组和对照组的依据。在这里，2007 年的《责任书》类似本书中 2014 年原农业部和全国妇联提出要把保障女性土地权益作为本轮土地确权工作的重心之一，都是一个比较外生式的冲击；而各地政府

是否将环境目标约束写入政府工作报告这一差异则类似于本书中各地土地确权领导组是否包含同级妇联组织以及土地确权工作方案是否明确保证妇女"证上有名、名下有权"，都作为区分实验组与对照组的依据。

我们也给出了案例来进一步说明我们使用"同级妇联组织是否被吸收加入土地确权领导组"以及"确权登记颁证工作方案中是否明确指出要保障妇女权益"来近似度量各地区保障农村女性土地权益的力度的有效性。2014年，原农业部和全国妇联开始提出要将保障女性土地权益作为本轮土地确权工作的重心之一。保障女性土地权益这一议案本身是妇联注意到随着城市化进程的推进，女性土地权益缺失所导致的上访案件和法律案件日益激增，同时结合实地调研而提出来的。全国妇联领导亲自带队到土地确权试点地区调研，并编写了《农村土地承包经营权确权登记中妇女权益保障工作指导手册》，明确指出要求妇联组织参与本轮确权登记颁证工作，以在本轮土地确权中同步推进保障农村妇女土地权益。可以说，妇联组织参与土地确权工作的目的就是从制度层面保障女性土地权益。我们在多个地方政府官网上查到的关于在土地承包经营权确权登记颁证过程中如何保障女性土地权益的提案中均有关于妇联组织作用

的描述，比如 2014 年原农业部和全国妇联提出保障女性土地权益之后，九江市妇联和市农业局联合发出通知，要求在农村土地承包经营权确权登记颁证工作中保障妇女合法权益，做到让妇女"证上有名、名下有权"，九江市妇联还及时与相关部门沟通联系，将妇联组织增补进土地确权工作领导小组，并由市妇联主席洪碧霞担任领导小组成员，共同开展相关工作，以便加强源头参与力度，切实保障农村妇女合法权益（中国妇女报，2014-09-16）。从清华大学中国农村研究院专题调查组在针对安徽凤阳、辽宁清原、山东枣庄、四川温江、甘肃景泰、湖南益阳及福建漳平等地已完成本轮土地承包经营权确权登记实践的调研来看，该做法是可行的（王晓莉，2016）。从不少地区妇联针对在本轮保障女性土地权益过程中妇联组织如何发挥作用的总结报告中，我们也可以看出妇联组织的加入确实对本轮土地确权中保障女性土地权益至关重要。比如合肥市妇联总结报告中指出，妇联组织加入土地确权领导小组使得"妇联积极主动参与到土地确权登记颁证工作中，了解工作详情，掌握是否有损害妇女权益的情况发生。妇联的参与极大降低了妇女土地权益受到侵害的可能"；扬州市妇联总结报告中也指出"市妇联作为领导小组成员之一，抓住契机，主动介入，从源头上防止妇

女土地权益遭受侵犯"；陇南市妇联报告中也指出妇联组织的加入"引导农村妇女积极参与确权，理性表达利益诉求，依法维护自己的合法权益"。这说明妇联组织是否加入土地确权领导组确实会显著影响保障女性土地权益政策的推进力度，我们用该指标度量保障女性土地权益的力度是比较合适的。

另外，"确权登记颁证工作方案中是否明确指出要保障妇女权益"这一指标与妇联组织是否加入土地确权领导组是高度相关的。如果我们使用前者作为被解释变量，后者作为解释变量，OLS 回归控制省份固定效应之后单个变量系数为 0.896，标准误为 0.031，调整后 R^2 为 0.777。这说明"确权登记颁证工作方案中是否明确指出要保障妇女权益"这一度量指标也是比较合理的。

同时，我们也把这三个指标省层面的均值作成柱状图，以便更清晰地看出土地确权登记颁证时点、保障女性土地权益力度的空间特征。

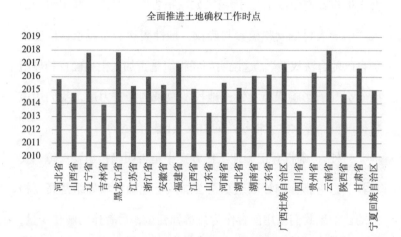

图 6-3　各省全面推进土地确权工作时点

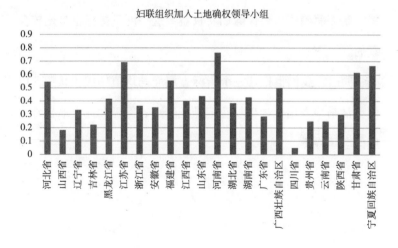

图 6-4　各省妇联组织加入土地确权领导小组地级市所占比例

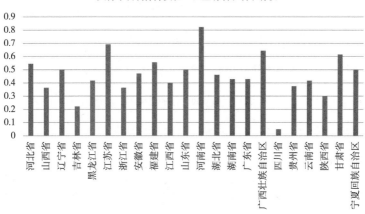

文件中明确保障女性"证上有名、名下有权"

图 6-5 各省本轮土地确权登记颁证文件中明确保障女性"证上有名、名下有权"地级市所占比例

分别见图 6-3、图 6-4 和图 6-5。从全面推进土地确权登记颁证工作的时点来看，山东、安徽、吉林、四川等省由于最早被选为整省试点而较早开始全面推进土地确权登记颁证工作，其他省份则没有特别明显的差异。从保障女性土地权益的力度来看，各地保障女性土地权益的力度存在比较显著的差异，但并不存在系统性的规律（比如我们并不能观察到经济发达的地区妇联组织被吸收加入土地确权领导组的概率更高等），说明其空间分布是比较随机的，这在一定程度上说明了本文所使用的核心解释变量面临的内生性问题相对是比较小的。

在土地承包经营权确权登记簿和权证上写上妇女名字以保障妇女权益也给接下来在宅基地确权登记颁证中保障妇女权益提供了良好的示范。2019年，随着农村承包地确权颁证工作迎来收尾，宅基地使用权确权登记也提上日程。2020年的中央一号文件指出，扎实推进宅基地使用权确权登记颁证。宅基地使用权是农村妇女的安身之本，法律规定农村妇女享有宅基地权利与男性是完全平等的。然而长期以来，因村民代表会议或村民大会的决议，或者因为乡规民约，造成农村妇女宅基地和房屋权益受侵害的现象时有发生，而且解决起来难度和阻力较大。原农业部农村固定观察点的数据显示，直到2018年，女性在宅基地使用权证上没有登记姓名的比重仍高达80.2%。

要从源头上保障广大农村妇女依法享有宅基地权利，必须在宅基地确权登记发证过程中切实加强对农村妇女权益的保障，在宅基地使用权证上写上妇女名字，实现农村妇女"证上有名、名下有权"。只有这样，在城市化进程中宅基地因流转或征用带来更大收益时，妇女才能充分享有知情权和收益权，婚姻关系发生变化时才能依法主张自己的合法权益，才能在未来城市化进程快速推进过程中有效避免性别财产不平等的进一步加剧。

宅基地权利得到保障，农村女性外出从业的后顾之忧才能被解除，实现比较优势，缓解劳动力资源配置低效。

第四节　妇联组织的作用

是什么因素导致了部分地区保障女性土地权益力度大，而另一些地区保障女性土地权益力度小呢？或者换句话说，是什么因素导致部分地区的妇联组织加入了农村土地确权领导组，而另一部分地区妇联组织未加入农村土地确权领导组？我们认为，地级市妇联主席是否是地级市市委委员对妇联组织加入当地土地确权领导组起着决定性的影响。

农村土地确权工作在 2012—2021 年连续出现在中央一号文件中（2012—2019 年是关于农村土地承包经营权确权工作，2019 年基本完成承包地确权工作后，2020—2021 年一号文件是关于推进宅基地使用权确权工作），是各地农村工作的重中之重，确权工作领导组成员通常由市委决定，领导组组长则往往是市委书记、副书记或市委常委。2014 年原农业部和全国妇联提出

在土地承包经营权确权登记中"将同级妇联纳入土地承包经营权确权登记颁证工作领导小组"中，以保障农村女性土地权益；2015 年及 2019 年中央一号文件也指出要保障农村女性土地权益。然而，由于上一级妇联对下级仅有业务上的指导，没有直接领导权，本级妇联受本级党委领导，因此本级妇联组织是否能够加入土地确权登记领导组中实际上是由地级市市委决定的。如果妇联主席是市委委员，她有更大的概率让妇联组织加入土地确权领导组。

我们以浙江省为例，通过初步的数据搜集和整理发现，在妇联加入领导组的 4 个地级市中，有 3 个地级市的妇联主席是市委委员，1 个地级市的妇联主席是人大常委会委员；而在剩下的 7 个妇联未加入领导组的地级市中，仅有 1 个地级市的妇联主席是市委委员，1 个是人大常委会委员，4 个则既不是市委委员，也不是人大常委会委员或市政府党组成员（1 个未找到记录）。因此，当地妇联主席是否是市委委员是影响妇联组织能加入土地确权领导组的重要因素。

图 6-6 和图 6-7 分别是我们将妇联组织能否加入土地确权领导组及土地确权工作方案中是否明确指出要保障女性"证上有名、名下有权"与妇联主席是否是市委委员分别做回归得到

的图。从这两张图我们可以清晰地看出，妇联主席是否是市委委员是影响当地在本轮土地确权工作中保障女性土地权益力度的重要因素。

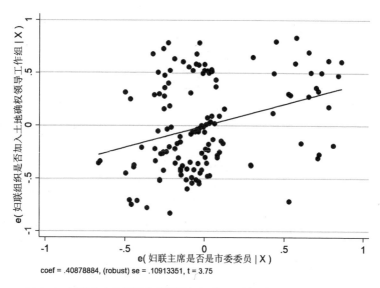

coef = .40878884, (robust) se = .10913351, t = 3.75

图 6-6　妇联主席是否是市委委员与妇联组织能否加入土地确权领导组

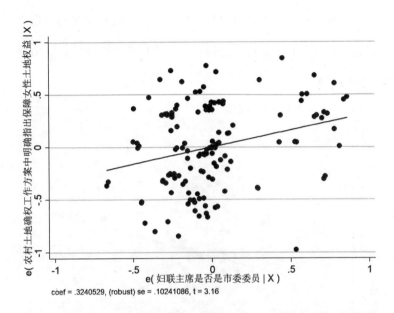

coef = .3240529, (robust) se = .10241086, t = 3.16

图6-7　妇联主席是否是市委委员与土地确权工作方案是否明确指出要保障
女性"证上有名、名下有权"

第七章　性别财产不平等

第一节　土地财产不平等

　　土地权利界定的性别差异本身就是一种性别财产的不平等。前面几章我们已经详细分析了女性从享有土地权益，到失去土地权益，再到政府逐渐还给女性本该属于她们的土地权益这一过程，也从承包地及宅基地两方面分析了1978年后尽管法律规定土地权益男女平等而事实上女性难以充分享有土地权益的事实。在此我们不予赘述。

第二节　土地派生收益性别差异

在上文中我们已经指出，农村妇女土地权益得不到保障会带来性别财产不平等，而随着城市化进程的快速推进，女性土地权益缺失使得她们难以完全享受土地征用与流转带来的收益，这会造成性别财产不平等问题在城市化进程的加速推进中进一步加剧。然而，保障女性的土地权益却能够显著降低性别财产不平等问题在城市化进程中的进一步加剧。

我们首先通过数理模型分析政府保障女性土地权益对性别不平等程度下降的影响。本书结合 Browning et al.（2013），Dunbar et al.（2013），Attanasio and Lechene（2014），Browning et al.（2014）及 Calvi（2020）的家庭内部议价模型（intra-household bargaining model），特别是从 Rosenblum（2015）和 Calvi（2020）关于印度女性继承权的改变如何影响女性在家庭内部议价能力和 Martínez（2015）关于智利非婚生子继承权的改变如何影响家庭成员之间议价能力的视角，引入博弈论、机

制设计的分析方法和工具，构建数理模型。

我们假设一个最简单的模型，一个核心家庭只有三个成员，丈夫（M）、妻子（F）和孩子（C），这个家庭消费两类产品，其中一类产品三人均可消费（h），例如食物，而另一类产品仅能固定的人消费（x），例如衣服，y是家庭总收入。我们假设家庭成员$i(i=$F, M, C)的效用不仅取决于自身消费的固定消费品x，还取决于自身消费h，即家庭成员i的效用函数为：

$$U_i=U_i(U_i(x_i), U_i(h)) \tag{4}$$

则整个家庭的效用函数可以表达为：

$$U(U_M, U_F, U_{C,p/y})=\sum_{i \in \{M,F,C\}} \mu_i(p/y)U_i \tag{5}$$

其中，μ_i表示帕累托权重（Pareto weights）。则家庭的目标是最大化其效用，即

$$\max_{x_M,x_F,x_C,h} U(U_M,U_F,U_C,p/y) \text{ subject to } \begin{cases} h=A(x_M+x_F+x_C), \\ y=h'p \end{cases} \tag{6}$$

其中 A 为影子价格矩阵。

则我们可以给出固定消费品 x 的需求函数：

$$\begin{cases} W_F(y)=\alpha_F\forall_F+\beta_F\forall_F ln(\forall_F*y) \\ W_M(y)=\alpha_M\forall_M+\beta_M\forall_M ln(\forall_M*y) \\ W_C(y)=\alpha_C\forall_C+\beta_C\forall_C ln(\forall_C*y) \end{cases} \tag{7}$$

其中 $W_i(y)$ 是家庭成员 i 花费在固定消费品 x 上的预算。α_i 和 β_i 是家庭成员 i 的消费偏好，而 $\forall_i$ 是家庭全部资源用于成员 i 的份额。则花费在固定消费品上的预算 $W_i(y)$ 取决于消费偏好与份额 $\forall_i$。当给出特定的消费偏好，一个外生的 $\forall_i$ 的增加会带来 $W_i(y)$ 的增加，而 $W_i(y)$ 可以被视作家庭成员 i 在家庭中的讨价还价能力。具体到本书的研究，农村土地确权登记中保障女性土地权益的政策会提高 $\forall_F$，而 $\forall_F$ 的提高会带来 $W_F(y)$ 的提高，即女性在家庭内部讨价还价能力的提高，从而可能带来女性外出从业实现比较优势可能性的增加、性别失衡的下降以及家暴概率的下降。

我们接着选择社会调查中的村级土地征用信息、农村女性收入与同村其他人群比较衡量城市化进程中的性别财产不平等问题，特别是离异、丧偶女性的土地征用补偿与同村其他家庭的土地征用补偿比较。农村女性收入及同村其他人群收入，离异、丧偶女性、仅生育女儿家庭、同村其他家庭土地征用补偿及村级土地征用信息从中国家庭追踪调查（CFPS）等社会调查中获得。我们已经从 2012 年至 2018 年的 CFPS 中收集了农村男性及女性收入数据和土地征用数据，通过分析发现，土地征用后农村男性的收入上涨幅度远远高于农村女性，土地征用给

农村男性带来的收入涨幅高达 28.3%，却并未给农村女性带来显著的收入上涨。我们进一步分析土地确权中保护女性土地权益力度大的地区和力度小的地区这组数据的差异。

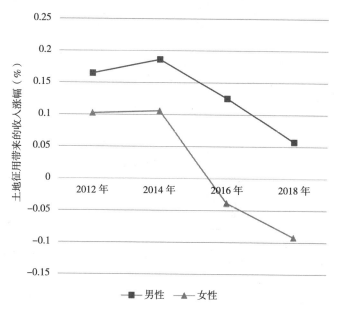

图 7-1 妇联未加入农村土地确权登记领导组

图 7-1 是保护女性土地权益力度小的地区，即妇联组织未被吸收加入农村土地确权登记领导组的地区，可以看出，从 2012 年至 2018 年，土地征用带来的女性收入涨幅显著且持续小于男性收入涨幅。

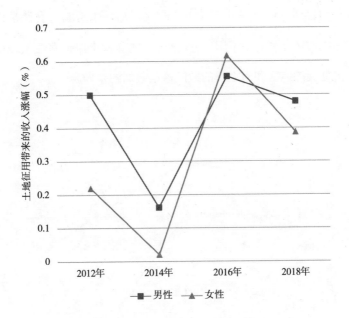

图 7-2　妇联加入农村土地确权登记领导组

图 7-2 是保护女性土地权益力度大的地区，即妇联组织加入农村土地确权登记领导组的地区，可以看出，2012 年和 2014年，土地征用带来的女性收入涨幅显著小于男性收入涨幅，随着农村女性土地权益保障力度的加大，到 2016 年，土地征用带来的女性收入涨幅超过了男性收入涨幅，2018 年土地征用带来的女性收入涨幅虽有下降，但与男性收入涨幅的差距已经显著缩小了。而各地全面推进土地确权登记颁证的高峰年是 2015 年，

2015 年、2016 年和 2017 年全面推进土地确权登记的地级市分别占总数的 24%、22% 和 20%，2014 年及以前全面推进土地确权登记的地级市仅占总数的 18%。

一地区女性土地权益的保障与该地区的女性地位之间存在明显的内生性问题。首先是互为因果导致的内生性问题，一地区女性地位越高，则越有可能保障女性的土地权益。其次是遗漏变量（omitted variable）导致的内生性问题，可能是经济发展这一遗漏变量既导致了女性的土地权益难以得到维护，也导致了女性地位低下。因此，我们所观察到的女性土地权益与女性地位之间的相关性可能存在误差。我们接下来做平行趋势检验以尽可能地排除内生性问题。

在图 7-1 与图 7-2 中我们比较了在保障女性土地权益力度大的地区与力度小的地区，土地征用收益性别差异在 2014 年前后发生变化的差异。这里所使用到的其实就是面板双重差分的方法。面板双重差分第一个维度的变化分别来自地区农村土地确权登记中保护女性土地权益的政策执行力度差异，第二个维度的变化来自农村土地确权登记全面推进的时点差异，下面分别介绍。

农村土地确权登记中保护女性土地权益面板双重差分中第

一个维度变化来自地区间农村土地确权登记中保护女性土地权
益力度的不同。参考 Duflo（2001）的设定，本书以农村土地
确权登记颁证工作领导组是否包括同级妇联组织以及确权登记
颁证工作方案中是否明确指出要保障妇女权益来测度各地区保
障农村女性土地权益的力度（式8）。该指标有两方面好处：一
方面是可以涵盖超过95%的地级市，从而更为全面地刻画出保
障女性土地权益力度的地区差异；另一方面，可以较好地剔除
因当地本身女性地位高而导致女性"证上有名"比例高，从而
捕捉更加外生的农村土地确权登记颁证中保障妇女权益的影响。
当然，为了更为精确的测度本次保障妇女土地权益之后女性土
地权利情况，本书也准备用农村固定观察点以及实地调研获得
的女性"证上有名"比例度量各地区保障女性土地权益的力度
（式2）。

$$农村女性土地权益保护_{\text{地级市}\,j} =$$

$$\begin{cases} 1 & \begin{array}{l}\text{如果工作领导组包括同级妇联组织}\,/ \\ \text{工作方案中明确指出要保障妇女权益}\end{array} \\[2em] 0 & \begin{array}{l}\text{如果工作领导组未包括同级妇联组织}\,/ \\ \text{工作方案中未明确指出要保障妇女权益}\end{array} \end{cases} \tag{8}$$

以及

证上有名$_{地级市\,j\,年份\,t}=$

"证上有名"的女性占当地农村女性人口比重

$$(9)$$

比较 2014 年《农业部、全国妇联关于在农村土地承包经营权确权登记颁证过程中维护妇女土地权益的会谈纪要》之后不同地区女性土地权益的变化，从图 7-2 可知此次农村土地确权登记中保障女性土地权益存在很大的地区差异。约 45.2% 的地级市在确权登记颁证工作组将妇联成员包括在内；约 50.8% 的地级市在农村土地承包经营权确权登记颁证工作方案中明确指出要保障妇女权益。此外，保障女性土地权益的力度并没有呈现出很有规律的分布。

农村土地确权登记中保护女性土地权益面板双重差分中第二个维度变化来自全面推进农村土地确权登记颁证的时点。各地级市全面推进农村土地确权登记颁证的时点不一，最早的2011 年就开始全面推进，最晚的直到 2019 年才开始全面推进。我们将各地级市农村土地确权登记颁证全面推进之前的年份设定为 0，将全面推进之后的年份设定为 1。

农村土地确权登记颁证时点$_{地级市\,j\,年份\,t}=$

$$\begin{cases} 0 & 如果农村土地确权登记颁证未全面推进 \\ 1 & 如果农村土地确权登记颁证已全面推进 \end{cases} \quad (10)$$

我们将（8）和（10）合并，即

农村女性土地权益保护_{地级市 j 年份 t}=

$$
\begin{cases}
1 & \text{如果农村土地确权已全面推进且领导组包括同级妇联组} \\
  & \text{织／方案中明确指出要保障妇女权益} \\
0 & \text{如果农村土地确权未全面推进或领导组未包括同级妇联} \\
  & \text{组织／方案中未明确指出要保障妇女权益}
\end{cases}
$$

（11）

基于政策力度和政策时点的面板双重差分模型。基于地区间政策力度差异和政策时点设定的双重差分回归模型如公式（12）所示：

收入_{个体 i 地级市 j 年份 t} = b_0+b_1 土地征用_{个体 i}* 性别_{个体 i}* 农村女性土地权益保护_{地级市 j 年份 t}+b_2 土地征用_{个体 i}* 性别_{个体 i}+b_3 其他交乘项 +b_4 土地征用_{个体 i}+b_5 性别_{个体 i}+b_6 农村女性土地权益保护_{地级市 j 年份 t}+X_1_{地级市 j 年份 t} b_7+X_2_{个体 i}b_8+a_j+k_t+ ε _{个体 i 地级市 j 年份 t}

（12）

其中 j 表示地区，t 表示年份，a_j 表示地级市哑变量，k_t 表示年份哑变量，分别吸收掉地级市固定效应和年份固定效应。收入_{个体 i 地级市 j 年份 t} 表示个体 i 在 t 年份的年收入。解释变量农村女性土地权益保护_{地级市 j 年份 t} 则代表 j 地 t 年份保障女性土地权益

的力度。回归（5）中的三交乘项系数 b_1 和交叉项系数 b_2 是关注的主要参数。b_1 反映的是保障农村女性土地权益力度加大对缩小土地征用收益性别差距的影响，而 b_2 反映的是此轮保障女性土地权益力度较小的地区土地征用收益的性别差距，也可以视作保障女性土地权益前土地征用收益的性别差距。

与基于处理强度构造的双重差分研究类似（Duflo，2001），本书双重差分中"处理组"和"对照组"的划分是依据农村土地确权登记中保障女性土地权益力度大小，将政策力度大的地区视为处理组，政策力度小的地区视为对照组。这里双重差分捕捉的是不同政策力度地区之间政策全面推进后相比全面推进前的性别不平等变化的差异。处理组与对照组的干预前平行趋势是双重差分应用的重要前提，我们将在研究方法中具体讨论。

双重差分设定的可靠性有一个关键假设——在政策发生前处理组和对照组之间不能存在显著的趋势差异，即满足平行趋势的条件下，双重差分结果才是政策干预的因果效应。这里采用事件史分析方法（event study）进行平行趋势检验，同时考察农村土地确权登记中保障女性土地权益的动态效应。以农村土地确权登记政策发生前作为基准组，对比考察保障女性土地权益对女性地位的影响。参考 Duflo（2001）和 Qian（2008）的研

究，设定如下的回归模型：

$$收入_{个体 i 地级市 j 年份 1} =$$

$$m_0 + \sum_{l=2012}^{l=2018} (d_l 土地征用_{个体 i} * 性别_{个体 i} * 农村女性土地权益保$$

$$护_{地级市 j}) m_l + m_1 其他交乘项 + X_{1 地级市 j 年份 t} m_2 + X_{2 个体 i} m_3 + n_j + o_t$$

$$+ p_{个体 i 地级市 j 年份 t} \qquad\qquad (13)$$

其中，d_l 是指示函数，表示从社会调查数据可得的初始年份 2012 年至数据可得的最近年份 2018 年，这四年分别赋值 1、2、3、4。回归（13）中的交互项系数 m_l 反映的是农村土地确权登记中保障女性土地权益政策对缩小 2012 年至 2018 年土地征用收益性别差距的影响。如果农村土地确权登记中保障女性土地权益政策在 2012 年并不能显著缩小土地征用收益的性别不平等，那么政策前平行趋势成立。

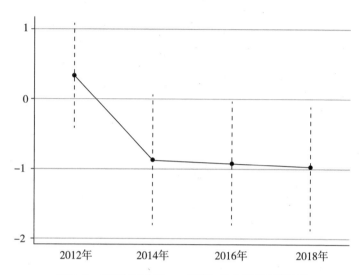

图 7-3　平行趋势检验——妇联加入土地确权领导组

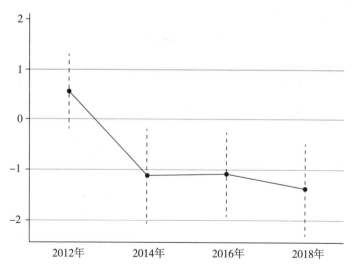

图 7-4　平行趋势检验——土地确权工作方案明确指出保障女性"证上有名"

结果见图 7-3 与图 7-4。结果与我们的预期基本一致，无论我们选择妇联组织是否被吸收加入土地确权领导组，还是土地确权工作方案中是否明确指出保障女性"证上有名"作为保障女性土地权益的度量指标，保障女性土地权益的政策对 2012 年及以前土地征用收益的性别差距没有影响，但是会显著缩小 2014—2018 年土地征用收益的性别差距。

农村土地权益界定的性别差异导致土地征用收益性别差异的主要机制有两个：农村女性获得的土地征用补偿费可能本身会低于男性，以及农村女性对土地征用补偿费的实际占用及使用权利往往会受损。

相同情况下，农村女性能够得到的土地征用补偿金额本身就小于男性，这会直接导致土地征用收益的性别差异引起收入差异。首先，离婚妇女回娘家，据河北省农村妇女土地权益调查报告，农村妇女离婚回到娘家后，村集体不分给妇女土地的占 44%（徐维华、马立成，2001）。其次是离婚或丧偶后户口没有迁出婆家村的农村妇女、再婚上门带子女入户的农村妇女，在婆家村集体经济组织分配土地补偿款时往往也面临少分甚至不分（徐维华、马立成，2001；中华全国妇女联合会权益部，2013）。据河北省农村妇女土地权益调查报告，农村妇女离婚后，

其在前夫家的承包地被村集体收回的占24.5%（徐维华、马立成，2001）。

对于土地征用补偿费的实际占有和使用的比例，女性也低于男性，这会进一步导致土地征用引起的收入差异。

这一机制包含了两层含义，第一层含义是"占有"，即农村男性往往认为土地征用补偿费全部或绝大部分归自己所有，而女性往往认为只有自己人头的那部分才归自己所有，我们为这一机制寻找的证明方法是比较土地征用补偿金额与个人收入之间的相关关系。CFPS个人库中涉及个人收入的指标包括"个人总收入"及"个人工资性收入"，家庭库中涉及收入的指标包括经营性收入（有经营性收入的家庭比例较低）、政府补助及财产性收入。这4项已经涵盖了国家统计局收入调查的4项：工资性收入、转移性收入、经营性收入和财产性收入。土地征用补偿金额则来自CFPS家庭库。我们将个人库与家庭库匹配，用总收入减去工资性收入，再减去经营性收入、政府补助与财产性收入，就可以将这一余值与土地征用补偿金额比对。这可以在一定程度上衡量个人将家庭土地征用补偿金额的多大部分计入了个人收入，从这一指标来看，将家庭土地征用补偿金额计入个人总收入的人群中，男性占到60%，且男性将土地征用补

偿费归入个人收入的金额也显著高于女性，大约是女性的 3 倍。而背后的原因，正是在于农村土地征用补偿金额一般包括土地补偿及人头费，男性往往认为其全部或绝大部分归自己所有，而女性则往往认为仅有自己人头部分才归自己所有。第二层含义是"使用"，使用会对收入产生影响，是因为比如将这笔补偿金额用作个人职业教育再投资等，男性的使用权也会优于女性，进而导致这笔补偿费对男性收入的促进作用大于女性。

现有的关于土地问题及城市化问题的研究，往往忽视了性别视角。现有的针对土地问题的研究主要集中在历史上的土地制度对产权制度的影响、土地供应对房地产市场的影响以及土地产权对农业产出效率的影响。针对城市化问题的研究则主要集中在城市化对收入差距的影响；城市化对环境污染的影响；影响城市化进程的因素分析以及农村传统社会资本在城市化进程中所起的作用。但是，迄今为止，较少有文献将性别视角放入城市化问题及土地问题的分析框架中。本书研究城市化进程中土地权利界定的性别差异对收入差距及农村女性劳动力资源配置低效的影响，期待能够对现有文献有所拓展。

本书也为女性财产权利的改革影响女性在家庭内部议价能力（intra-household bargaining power）的研究提供新的经验

证据。之前的文献研究了印度和肯尼亚关于妇女继承权的改革对女性教育、女性死亡率、家暴和女性劳动供给的影响，得出的结论并不一致。首先，我们着眼于针对女性死亡率的研究，Rosenblum（2015）发现印度女性继承权改革增加了为儿子遗赠财产的成本，从而增加了女童死亡率；而 Calvi（2020）发现该项改革降低了中老年女性死亡率。由于中国的土地所有权归集体而非家庭，生育女儿并不影响为儿子遗赠财产，因此保障农村女性土地权益理论上能够降低（出生）性别比。本书初步的数据分析跟上述文献中的逻辑一致，中国保障农村女性土地权益的措施改善了农村性别失衡。其次，针对家庭暴力的研究发现，印度女性继承权改革加剧了家庭内部冲突，增加了家庭暴力（Anderson and Genicot, 2015），而 Mathur and Slavov（2013）使用不同的数据和识别方法却发现该项改革显著降低了家庭暴力。本书提出的研究假设是，女性财产权利得到保障可以降低女性离婚的成本，使女性面临家庭暴力选择离婚成为可置信威胁，从而达到降低家庭暴力的目的。Deininger et al.（2013），Roy（2015）和 Harari（2019）还研究了印度和肯尼亚女性继承权改革对女性教育的影响，他们的研究发现，女性继承权改革提高了女性的教育水平。中国的农村土地确权登记中保障女性

土地权益的措施同样可能影响女性教育水平，然而，由于缺乏分年龄的农村女性教育水平的数据，本书我们暂时不考虑保障女性土地权益的措施对教育的影响。

第八章　农村性别失衡、家庭暴力
与女性从业结构

　　农村女性土地权益的缺失不仅会造成性别财产不平等，更会造成一系列的社会经济后果。首先，土地权益分配的性别差异导致农村偏好生育男性，进而造成农村性别失衡。其次，农村女性土地权益缺失也会导致女性离异之后很可能陷入"房无一间、地无一垄、钱无一分"的悲惨境地，为了获得住所等基本生活保障，已婚女性可能不敢离婚，当离婚成为不可置信的威胁，农村女性遭受家庭暴力的风险就会显著增加；同样的，为了获得住所等基本生活保障，离异或丧偶女性可能被迫再嫁。最后，农村女性土地权益难以得到保障也会使得女性不敢离开家乡从事非农行业，一方面，承包地及宅基地权利缺失意味着农村女性必须留在丈夫的家庭里才享有土地权，在娘家或者离

异状态都会导致土地权利的部分或全部丧失，因此农村女性在家庭内部谈判能力弱，家庭分工时会被分配照顾家庭或务农而非外出从业提升自身收入；另一方面，土地权利缺失使妇女对于家庭共有财产的知情权、参与权和决策权无法得到保障，户主可能在未征得妇女同意的情况下任意处置家庭承包地、损害妇女的利益，婚姻关系发生变化时无法主张权利，面临土地征用补偿分配时也没有依据。这些"后顾之忧"损害了她们外出选择具有比较优势职业的动力，导致农村女性劳动力资源配置低效。随着农业现代化进程的推进，土地流转、现代科技等释放了大量的农村劳动力，其中的女性劳动力因土地权利缺失而被束缚，导致劳动力资源配置低效现象进一步加剧。

第一节　2011—2019年农村性别失衡的变化

我们首先分析农村女性土地权益与农村性别失衡问题。之前的文献研究了印度和肯尼亚关于妇女继承权的改革对女性死亡率的影响，得出的结论并不一致。Rosenblum（2015）发现印

度女性继承权改革增加了为儿子遗赠财产的成本，从而增加了女童死亡率；而 Calvi（2020）发现该项改革降低了中老年女性死亡率。本书准备探究农村土地确权登记中保障女性土地权益对（出生）性别比的影响，本书的逻辑与上述文献不同，由于在中国土地所有权归集体而非家庭，生育女儿并不影响为儿子遗赠财产，因此我们预测保障农村女性土地权益理论上能够降低（出生）性别比。

农村女性土地权益与农村性别失衡这两个变量的因果关系分析同样存在明显的内生性问题。也就是说，可能是一个或数个遗漏变量同时导致了一地区既存在明显的女性土地权益缺失问题，也存在严重的性别失衡。因此，我们这里仍然使用面板双重差分的思想。同样的，这里面板双重差分第一个维度的变化来自地区农村土地确权登记中保护女性土地权益的政策执行力度差异，第二个维度的变化来自农村土地确权登记全面推进的时点差异。

农村土地确权登记中保护女性土地权益面板双重差分中第一个维度变化来自地区间农村土地确权登记中保护女性土地权益力度的不同。

农村女性土地权益保护_{地级市 j}=

$$\begin{cases} 1 & \text{如果工作领导组包括同级妇联组织／工作方案中明确指} \\ & \text{出要保障妇女权益} \\ 0 & \text{如果工作领导组未包括同级妇联组织／工作方案中未明} \\ & \text{确指出要保障妇女权益} \end{cases}$$

$$(14)$$

以及

证上有名_{地级市 j 年份 t}="证上有名"的女性占当地农村女性人口比重 （15）

农村土地确权登记中保护女性土地权益面板双重差分中第二个维度变化来自全面推进农村土地确权登记颁证的时点。各地级市全面推进农村土地确权登记颁证的时点不一，最早的2011年就开始全面推进，最晚的直到2019年才开始全面推进。我们将各地级市农村土地确权登记颁证全面推进之前的年份设定为0，将全面推进之后的年份设定为1。

农村土地确权登记颁证时点_{地级市 j 年份 t}=

$$\begin{cases} 0 & \text{如果农村土地确权登记颁证未全面推进} \\ 1 & \text{如果农村土地确权登记颁证已全面推进} \end{cases}$$ （16）

我们将（14）和（16）合并，即

农村女性土地权益保护$_{地级市 j 年份 t}$＝

$$
\begin{cases}
1 & \text{如果农村土地确权已全面推进} \textbf{且} \text{领导组包括同级妇联组} \\
& \text{织／方案中明确指出要保障妇女权益} \\
0 & \text{如果农村土地确权未全面推进} \textbf{或} \text{领导组未包括同级妇联} \\
& \text{组织／方案中未明确指出要保障妇女权益}
\end{cases}
$$

（17）

基于地区间政策力度差异和政策时点设定的双重差分回归模型如公式（18）所示：

农村性别比$_{地级市 j 年份 t}$＝β_0＋β_1农村女性土地权益保护$_{地级市 j}$*农村土地确权登记颁证时点$_{地级市 j 年份 t}$＋β_2农村女性土地权益保护$_{地级市 j}$＋β_3农村土地确权登记颁证时点$_{地级市 j 年份 t}$＋$X_{地级市 j 年份 t}\beta_4$＋α_j＋γ_t＋$\varepsilon_{地级市 j 年份 t}$

（18）

其中 j 表示地区，t 表示年份，α_j 表示地级市哑变量，γ_t 表示年份哑变量，分别吸收掉地级市固定效应和年份固定效应。农村性别比$_{地级市 j 年份 t}$为地级市 j 在 t 年份农村性别比及出生性别比。解释变量农村女性土地权益保护$_{地级市 j 年份 t}$则代表 j 地 t 年份保障女性土地权益的力度。回归（18）中的交叉项系数 β_1 是关注的主要参数。β_1 反映保障农村女性土地权益力度加大对农村性别比的影响。

这里双重差分中"处理组"和"对照组"的划分是依据农

村土地确权登记中保障女性土地权益力度，将政策力度大的地区视为处理组，政策力度小的地区视为对照组。这里双重差分捕捉的是不同政策力度地区之间政策全面推进后，相比全面推进前的性别不平等变化的差异。性别比及出生性别比数据将从地级市统计年鉴及省统计年鉴中获得。我们将所有地级市分为农村土地确权登记工作小组中包括妇联成员组和农村土地确权登记工作小组中不包括妇联成员组。

图 8-1 2011 年至 2018 年二组地区出生性别比对比图

图 8-2 2011 年至 2019 年二组地区性别比对比图

图 8-1 是 2011 年至 2018 年这二组地区出生性别比对比图，可以看出，从 2015 年开始，妇联加入农村土地确权登记领导组的地区出生性别比的下降幅度显著高于妇联未加入领导组的地区，而 2015 年恰好是各地全面推进土地确权登记颁证高峰年，2015、2016 和 2017 年全面推进土地确权登记的分别占总数的 24%、22% 和 20%，2014 年及以前全面推进土地确权登记的仅占总数的 18%。图 8-2 是 2011 年至 2019 年这二组地区性别比对比图，可以看出，保障女性土地权益对性别比的影响略滞后于对出生性别比的影响，从 2016 年开始，妇联加入领导组的地区性别比的下降幅度显著高于妇联未加入领导组的地区。

第二节 2011—2019年农村家庭暴力
现象的变化

我们接着分析农村女性土地权益与农村家庭暴力的影响。针对家庭暴力的既有研究发现，印度女性继承权改革加剧了家庭内部冲突，增加了家庭暴力现象（Anderson and Genicot，2015），而 Mathur and Slavov（2013）使用不同的数据和识别方法却发现该项改革显著降低了家庭暴力。本书提出的研究假设是，女性财产权利得到保障可以降低女性离婚的成本，使女性面临家庭暴力选择离婚成为可置信威胁，从而达到降低家庭暴力的目的。

农村女性土地权益与农村家庭暴力这两个变量的因果关系分析同样存在明显的内生性问题。也就是说，可能是一个或数个遗漏变量同时导致了一地区既存在明显的女性土地权益缺失问题，也存在严重的家庭暴力。因此，我们这里仍然使用面板双重差分的思想。同样的，这里面板双重差分第一个维度的变化分别来自地区农村土地确权登记中保护女性土地权益的政策

执行力度差异，第二个维度的变化来自农村土地确权登记全面推进的时点差异。

农村土地确权登记中保护女性土地权益面板双重差分中第一个维度变化来自地区间农村土地确权登记中保护女性土地权益力度的不同。

农村女性土地权益保护$_{地级市 j}$＝

$\begin{cases} 1 & \text{如果工作领导组包括同级妇联组织／工作方案中明确指} \\ & \text{出要保障妇女权益} \\ 0 & \text{如果工作领导组未包括同级妇联组织／工作方案中未明} \\ & \text{确指出要保障妇女权益} \end{cases}$

（19）

以及

证上有名$_{地级市 j 年份 t}$＝"证上有名"的女性占当地农村女性人口比重　　　　　　　　　　　　　　　　　　（20）

农村土地确权登记中保护女性土地权益面板双重差分中第二个维度变化来自全面推进农村土地确权登记颁证的时点。各地级市全面推进农村土地确权登记颁证的时点不一，最早的2011年就开始全面推进，最晚的直到2019年才开始全面推进。我们将各地级市农村土地确权登记颁证全面推进之前的年份设

定为 0，将全面推进之后的年份设定为 1。

农村土地确权登记颁证时点$_{地级市 j 年份 t}=$

$$
\begin{cases}
0 & \text{如果农村土地确权登记颁证未全面推进} \\
1 & \text{如果农村土地确权登记颁证已全面推进}
\end{cases}
$$

（21）

我们将（19）和（21）合并，即

农村女性土地权益保护$_{地级市 j 年份 t}=$

$$
\begin{cases}
1 & \text{如果农村土地确权已全面推进且领导组包括同级妇联组} \\
& \text{织 / 方案中明确指出要保障妇女权益} \\
0 & \text{如果农村土地确权未全面推进或领导组未包括同级妇联} \\
& \text{组织 / 方案中未明确指出要保障妇女权益}
\end{cases}
$$

（22）

基于地区间政策力度差异和政策时点设定的双重差分回归模型如公式（23）所示：

农村家庭暴力$_{地级市 j 年份 t}=\beta_0+\beta_1$农村女性土地权益保护$_{地级市 j}*$农村土地确权登记颁证时点$_{地级市 j 年份 t}+\beta_2$农村女性土地权益保护$_{地级市 j}+\beta_3$农村土地确权登记颁证时点$_{地级市 j 年份 t}+X_{地级市 j 年份 t}\beta_4+\alpha_j+\gamma_t+\varepsilon_{地级市 j 年份 t}$

（23）

其中 j 表示地区，t 表示年份，α_j 表示地级市哑变量，γ_t 表示年份哑变量，分别吸收掉地级市固定效应和年份固定效应。

农村家庭暴力$_{地级市j年份t}$为地级市 j 在 t 年份农村家庭暴力案件数。解释变量农村女性土地权益保护$_{地级市j年份t}$则代表 j 地 t 年份保障女性土地权益的力度。回归（23）中的交叉项系数 β_1 是关注的主要参数。β_1 反映保障农村女性土地权益力度加大对农村家庭暴力的影响。

这里双重差分中"处理组"和"对照组"的划分是依据农村土地确权登记中保障女性土地权益力度，将政策力度大的地区视为处理组，政策力度小的地区视为对照组。这里双重差分捕捉的是不同政策力度地区之间政策全面推进后相比全面推进前的农村家庭暴力案件数的差异。农村家庭暴力案件数据将从中国裁判文书网获得。从 2011 年至 2021 年农村家暴数量可以看出，这十一年农村家暴数目呈现出倒 U 型趋势：2011 年至 2015 年，农村家暴数目迅速上升，从 2011 年的 1 177 件上升至 2015 年的 117 004 件，上升了近 100 倍，反映出农村女性维权意识的上升；但从 2015 年开始，农村家暴数目开始快速下降，2016 年下降至 80 474 件，2017 年则下降至 12 615 件，到 2021 年下降至 4 592 件，这与农村女性土地权益开始获得保障的时间是一致的。

我们接着将所有地级市分为农村土地确权登记工作小组中

包括妇联成员组和农村土地确权登记工作小组中不包括妇联成员组，比较这两组地区 2014 年前后农村家暴数目的变化情况。图 8-3 是 2011 年至 2018 年这二组地区每万人农村家庭暴力案件数对比图，可以看出，从 2011 年和 2013 年，这两组地区每万人农村家庭暴力案件数目基本持平，2013 年农村土地确权登记工作小组中包括妇联成员的地区农村家庭暴力数目甚至略高；但从 2015 年开始，妇联加入农村土地确权登记领导组的地区农村家庭暴力案件数的下降幅度显著高于妇联未加入领导组的地区。图 8-3（续）是我们将纵坐标轴缩短，以便让读者能够更清晰地对比这两组地区 2015 年后家庭暴力的下降幅度。

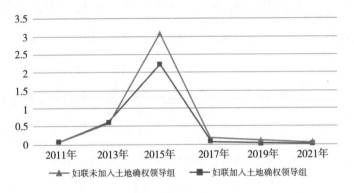

图 8-3　2011 年至 2021 年二组地区农村家庭暴力对比图

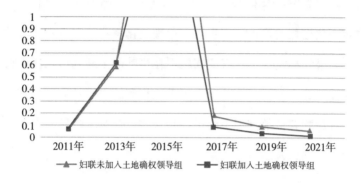

图 8-3（续） 2011 年至 2021 年二组地区农村家庭暴力对比图

第三节　2011—2019农村女性从业结构的变化

最后，我们来分析农村女性在土地权益上的不平等对农村女性从业结构的影响。承包地及宅基地权利缺失使得农村女性不敢离开家乡，从而阻碍了其外出从业实现其比较优势（《全国妇联关于在深化农村改革中维护妇女土地权益的提案》，2018）。2010 年第六次人口普查数据显示，16—39 岁农村女性劳动力务农比例比男性高约 15%，16—49 岁农村女性劳动力务农比例比

男性高约 20%。未来 20 年将是中国城市化快速推进的过程。随着城市化进程的推进，大规模农业现代化将释放大量农村劳动力，如果农村女性土地权益问题不在当前的土地确权工作中得到关注，那么农村女性劳动力因土地权利缺失而被束缚，其劳动力资源配置低效的现象将进一步加剧。现有文献研究在关注中国土地问题及城市化问题时，往往忽视了性别视角。本节将从 2014 年开始的农村土地承包经营权确权登记过程中保障女性土地权益角度切入，首先分析女性土地权利缺失对农村女性外出从业的阻碍，接着分析保障女性土地权益对促进农村女性外出从业的影响，最后分析保障女性土地权益之后农村女性外出从业主要流向的部门。

由于农村女性土地权益与农村女性非农从业这两个变量的因果关系分析同样存在明显的内生性问题。也就是说，可能是一个或数个遗漏变量同时导致了一地区既存在明显的女性土地权益缺失问题，也存在严重的性别失衡。因此，我们这里仍然使用面板双重差分的思想。同样的，这里面板双重差分第一个维度的变化分别来自地区农村土地确权登记中保护女性土地权益的政策执行力度差异，第二个维度的变化来自农村土地确权登记全面推进的时点差异。

农村土地确权登记中保护女性土地权益面板双重差分中第一个维度变化来自地区间农村土地确权登记中保护女性土地权益力度的不同。

农村女性土地权益保护$_{地级市 j}=$

1　如果工作领导组包括同级妇联组织/工作方案中明确指出要保障妇女权益

0　如果工作领导组未包括同级妇联组织/工作方案中未明确指出要保障妇女权益

（24）

以及

证上有名$_{地级市 j 年份 t}=$ "证上有名"的女性占当地农村女性人口比重

（25）

农村土地确权登记中保护女性土地权益面板双重差分中第二个维度变化来自全面推进农村土地确权登记颁证的时点。各地级市全面推进农村土地确权登记颁证的时点不一，最早的2011年就开始全面推进，最晚的直到2019年才开始全面推进。我们将各地级市农村土地确权登记颁证全面推进之前的年份设定为0，将全面推进之后的年份设定为1。

农村土地确权登记颁证时点$_{地级市\,j\,年份\,t}$=

$$\begin{cases} 0 & \text{如果农村土地确权登记颁证未全面推进} \\ 1 & \text{如果农村土地确权登记颁证已全面推进} \end{cases}$$

（26）

我们将（24）和（26）合并，即

农村女性土地权益保护$_{地级市\,j\,年份\,t}$=

$$\begin{cases} 1 & \text{如果农村土地确权已全面推进} \textbf{且} \text{领导组包括同级妇联组} \\ & \text{织/方案中明确指出要保障妇女权益} \\ 0 & \text{如果农村土地确权未全面推进} \textbf{或} \text{领导组未包括同级妇联} \\ & \text{组织/方案中未明确指出要保障妇女权益} \end{cases}$$

（27）

基于地区间政策力度差异和政策时点设定的双重差分回归模型如公式（28）所示：

农村女性非农从业$_{地级市\,j\,年份\,t}$=

$\beta_0+\beta_1$农村女性土地权益保护$_{地级市\,j}$ * 农村土地确权登记颁证时点$_{地级市\,j\,年份\,t}$+ β_2农村女性土地权益保护$_{地级市\,j}$+β_3农村土地确权登记颁证时点$_{地级市\,j\,年份\,t}$+X$_{地级市\,j\,年份\,t}\beta_4+\alpha_j+\gamma_t+$

$\varepsilon_{地级市\,j\,年份\,t}$

（28）

其中 j 表示地区，t 表示年份，α_j 表示地级市哑变量，γ_t

表示年份哑变量，分别吸收掉地级市固定效应和年份固定效应。农村女性非农从业$_{地级市 j 年份 t}$为地级市 j 在 t 年份农村女性非农从业。解释变量农村女性土地权益保护$_{地级市 j 年份 t}$则代表 j 地 t 年份保障女性土地权益的力度。回归（28）中的交叉项系数 β_1 是关注的主要参数。β_1 反映保障农村女性土地权益力度加大对农村女性非农从业的影响。

这里双重差分中"处理组"和"对照组"的划分是依据农村土地确权登记中保障女性土地权益力度大小，将政策力度大的地区视为处理组，政策力度小的地区视为对照组。这里双重差分捕捉的是不同政策力度地区之间政策全面推进后相比全面推进前的农村女性非农从业变化的差异。

我们首先从各省及地级市统计年鉴中搜集了 2006—2019 年农村女性从业人数及男性从业人数的数据。初步的分析发现，农村女性土地权益保障力度的加大能够显著提高农村女性从业。同样的，我们将所有地级市分为农村土地确权登记工作小组中包括妇联成员组和农村土地确权登记工作小组中不包括妇联成员组。图 8-4 是 2006 年至 2019 年这两组地区农村女性从业人数与男性从业人数之比的对比图，可以看出，从 2015 年开始，妇联加入农村土地确权登记领导组的地区女性从业人数与男性

从业人数之比的上升幅度显著高于妇联未加入领导组的地区，而 2015 年恰好是各地全面推进土地确权登记颁证的高峰年。

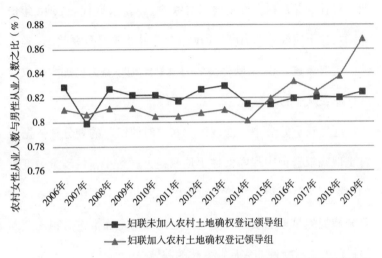

图 8-4　2006 年至 2019 年两组地区农村女性从业人数与男性从业人数之比

　　为了进一步分析农村女性土地权益保障对劳动力资源配置的影响，我们借鉴 Hsieh et al.（2019）的做法，用历年农村女性务农人数及非农从业人数及其与男性务农和非农从业人数之比度量劳动力资源配置。遗憾的是，统计年鉴中仅有农村女性及男性从业人数，并没有分性别的务农人数及非农从业人数，因此，我们从 2012 年至 2018 年的 CFPS 中收集了农村男性及女性务农人数及非农从业人数的数据。初步分析发现，保障农村

女性土地权益能够降低农村女性务农人数，而显著提高农村女性非农从业人数。

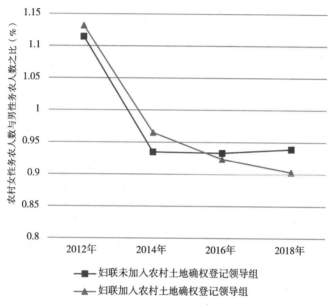

图 8-5　2012—2018 年两组地区农村女性务农人数比较

图 8-5 是两组地区（即妇联组织加入及未被吸收加入农村土地确权登记领导组的地区）2012 年至 2018 年农村务农女性人数与务农男性人数之比，可以看出，2012 年和 2014 年，女性土地权益保障力度大的地区这一比值略高于女性土地权益保障力度小的地区，到了 2016 年和 2018 年，女性土地权益保障力度

大的地区这一比值明显下降，而在女性土地权益保障力度小的地区这一比值基本保持不变。

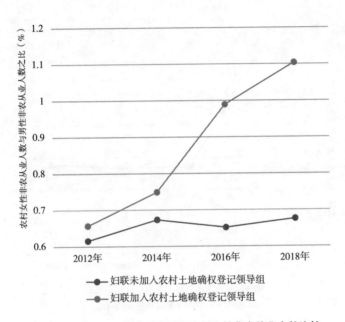

图 8-6 2012—2018 年两组地区农村女性非农从业人数比较

图 8-6 是两组地区 2012 年至 2018 年农村女性非农从业人数与男性非农从业人数之比，可以看出，2012 年和 2014 年，这一比值在两组地区基本保持不变；到了 2016 年和 2018 年，这一比值在两组地区的差距迅速拉开，女性土地权益保障力度大的地区这一比值迅速上升，而在女性土地权益保障力度小的地

区这一比值基本保持不变。尽管 CFPS 的样本较少，有效样本仅有约四万人，但是女性从业人数与男性从业人数这一比值与从人口普查中计算得到的数值基本一致，这在一定程度上证明了 CFPS 样本的有效性。

上文已经分析了农村女性土地权益缺失对其从业结构的影响，以及保障女性土地权益对促进女性外出从业的影响。我们接着进一步分析保障女性土地权益后，离开农村外出从业的女性都流向哪些行业？为了进一步分析农村女性不再务农后具体流向哪些行业，我们将其他从业细分。我们根据农村女性进入门槛的高低，将除务农之外的其他单位类型和行业划分为四类：第一类和第二类分别是国有企业、集体企业、事业单位、国家机关、社会组织和军人，以及私营和外资企业中采掘、地质勘探、电力煤气水、建筑业、交通运输、仓储及邮电通信业、房地产、教育、文化艺术和广播电影电视业、科学研究和综合技术服务业以及金融保险从业人员。这两类进入门槛较高、农村女性流入难度较大。第三类和第四类分别是个体工商户（包括登记过的个体工商户或未登记的各类店主）和自由工作者（自由职业者、零散工、摊贩、无派遣单位的保姆、自营运司机、手工工匠等），以及私营和外资企业中批发和零售贸易、餐饮业、

123

商业服务业及制造业从业人员，这两类进入门槛低，是农村女性比较容易进入的类型。当然，上述四类中第一类和第三类是按照单位类型划分的，而第二类和第四类是按照行业类型划分的，为了保证不重复，我们首先根据单位类型挑选出第一类和第三类，再将剩下的民营、私营企业、外资、合资企业根据行业划分为第二类和第四类，这一点在变量介绍中也已经提及。

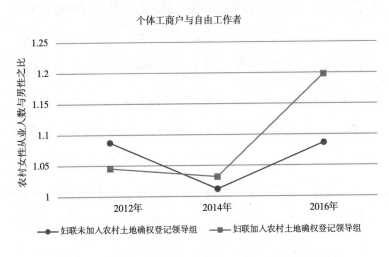

图8-7 农村女性个体工商户与自由工作者人数与男性之比

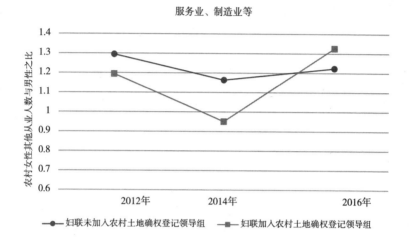

服务业、制造业等

图 8-8　农村女性从事服务业、制造业等工作人数与男性之比

图 8-7 和图 8-8 是这四类从业类型 2012 年至 2016 年农村女性从业人数与男性从业人数之比。从图中我们可以得到两个有效信息：第一，农村女性从事"个体工商户与自由工作者"和"服务业和制造业等"这两类从业类型的人数明显高于男性；第二，2012 年和 2014 年，这两类从业类型中农村女性从业人数与男性之比在女性土地权益保障力度大的地区和力度小的地区，其差距基本保持稳定，而到 2016 年，这一比值在女性土地权益保障力度大的地区迅速上升。

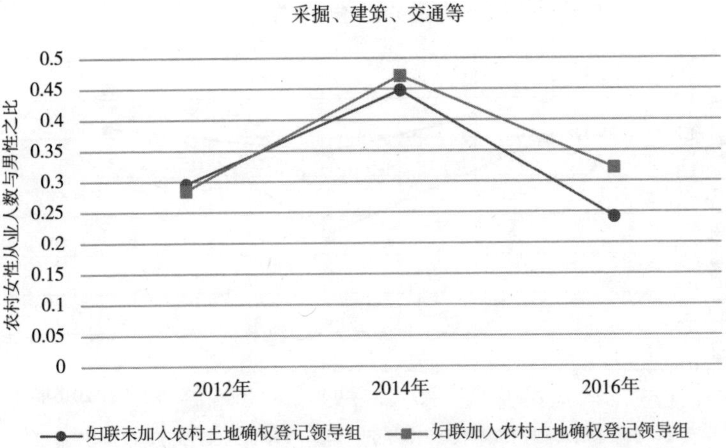

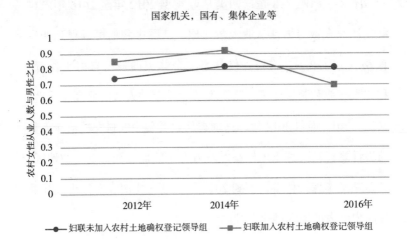

图 8-9　农村女性从事采掘、建筑、交通等工作人数与男性之比

图 8-10　农村女性从事国家机关，国有、集体企业等工作人数与男性之比

从图 8-9 和图 8-10 中我们同样可以得到两个有效信息，第一，农村女性从事"采掘建筑交通等"和"国家机关国有集体企业等"这两类从业类型的人数显著低于男性；第二，2012 年至 2016 年，这两类从业类型中农村女性从业人数与男性之比在女性土地权益保障力度大的地区和力度小的地区，其差距基本保持稳定。

从这四张图中我们基本可以得出结论，保障农村女性土地权益力度加大之后，农村女性外出从业主要流向了"个体工商户与自由工作者"和"服务业和制造业等"这两种类型。这一结果与我们的预期一致：前两类工作的进入门槛低，农村女性在土地权益得到保障后选择外出从业较容易流向这两类工作；而后两类工作的进入门槛高，农村女性无法在短时间内进入这两种类型的工作。

第四节　农村女性土地权益与其从业结构的
变化——一个实证分析

这一节我们将基于手动搜集的农村土地确权登记颁证中保障女性土地权益数据，实证分析女性土地权利的缺失对农村女性从业结构的影响。实证结果显示，农村女性外出从业的概率显著低于男性，而保障女性土地权益能够将农村女性与男性外出从业的差距缩小近一半（48%）。进一步的分析发现，保障女性土地权益后，农村女性外出从业主要流向个体工商经营与自由工作，以及私营和外资企业中批发和零售贸易、餐饮、商业服务及制造业行业。

一、指标及数据

（一）农村女性从业结构的度量

由于统计年鉴中仅有农村女性从业人数的数据，缺乏具

体从业结构的数据，因此，我们综合 CLDS 调查中"户口类型""最近一份工作的行业类型""最近一份工作的单位类型"这三个指标来度量农村女性从业结构。我们构造从业结构虚拟变量，0 表示"务农"，"1"则表示其他从业，并定义为"外出从业"。尽管 CLDS 的样本较少，有效样本仅有约四万人，但是女性从业人数与男性从业人数这一比值与从人口普查中计算得到的数值基本一致。各省统计年鉴中得到的 2012 年、2014 年和 2016 年女性从业人数与男性之比的均值为 0.82，而 CLDS 调查中这三年女性从业人数与男性之比的均值为 0.88。另外，从 2012—2016 年 CLDS 调查数据中计算得到的农村女性劳动力外出从业比例比男性低约 28%，这一数值与刘晓昀等（2003）利用 CHNS 计算得到的数值（22.4%）也较为接近。这在一定程度上证明了 CLDS 样本的有效性。

为了进一步分析农村女性不再务农后具体流向哪些行业，我们将除务农之外的其他从业细分。我们首先挑选国有企业、集体企业、事业单位、国家机关、社会组织和军人这些进入门槛较高、农村女性流入难度较大的单位类型，将其赋值为 1，其余的赋值为 0，并定义为"国家机关国有集体企业等"。我们接着挑选个体工商户（包括登记过的个体工商户或未登记的各类

店主）和自由工作者（自由职业者、零散工、摊贩、无派遣单位的保姆、自营运司机、手工工匠等）这两类进入门槛低、农村女性流入难度低的单位类型，将其赋值为1，其余的赋值为0，并定义为"个体工商户与自由工作者"。对于剩下的民营、私营企业、外资、合资企业，我们再根据行业划分，分为高技术密集型和低技术密集型两类，前者包括采掘、地质勘探、电力煤气水、建筑业、交通运输、仓储及邮电通信业、房地产、教育、文化艺术和广播电影电视业、科学研究和综合技术服务业以及金融保险从业人员，后者包括批发和零售贸易、餐饮业、商业服务业及制造业从业人员，并分别定义为"采掘建筑交通等"与"服务业制造业等"。我们认为保障农村女性土地权益力度加大之后，农村女性会更多地流向准入门槛较低的"个体工商户与自由工作者"类及"服务业制造业等"类。遗憾的是，由于2018年CLDS调查数据尚不可得，我们仅有2012年、2014年及2016年的调查数据。

（二）控制变量

我们首先控制了一系列个体特征变量，包括年龄、户口性

质、性别及年收入[1]。我们接着控制了一系列可能同时影响政策力度和女性从业结构或仅影响女性从业结构的地级市随时间变化的特征变量。首先是经济发展水平，经济发展水平越高，工作机会越多，女性外出从业的概率越高；同时，经济发展水平越高，女性地位越高，越有可能推动保障女性土地权益。我们用一地级市 2012 年至 2016 年人均 GDP 衡量一地区的经济发展水平。其次是城市化水平，一般来说，城市的性别平等程度高于农村，一地区城市化水平越高，农村受到的性别平等的外溢效应越高，其性别平等程度也会越高。我们用 2012 年至 2016 年城市人口占总人口的比重度量一地区的城市化水平。最后是教育水平，教育水平能够推动性别平等，我们用 2012 年至 2016 年平均受教育年限衡量当地教育水平。数据来自各省统计年鉴及各省 50 年或 60 年统计资料汇编。

　　一地区历史上的经济发展水平、传统文化及地理条件同样

---

[1] 由于 CLDS 调查中"受教育水平"这一问题存在大量缺失值，如果控制这一变量会使我们损失约 25% 的观测值，因此我们没有控制"受教育水平"这一变量。

可能影响该地区的性别平等及女性收入[1]。然而,由于历史上的经济发展水平、传统文化及地理指标在地级市层面不随时间变化,会被地级市固定效应吸收,而我们已经控制了地级市固定效应,因此在这里我们不再控制一地级市历史上的经济发展水平、传统文化及地理指标。表 8-1 是主要变量的描述性统计。

表 8-1 变量的描述性统计

变量	观测值	均值	标准差	最小值	最大值
从业结构					
外出从业	42,267	0.602	0.489	0	1
个体工商户与自由工作者	42,267	0.066	0.248	0	1
服务业制造业等	42,267	0.163	0.369	0	1
采掘建筑交通等	42,267	0.201	0.400	0	1
国家机关国有集体企业等	42,267	0.028	0.166	0	1

---

[1] 之前的文献往往用一地级市历史上的城市规模（Bai and Kung, 2018）或历史上是否是交通要塞（Bai and Jia, 201）度量该地区历史上的经济发展水平；用族谱及儒家祠庙度量一地区的宗族文化和儒家文化，这种文化会影响一地区的性别平等（张川川、马光荣, 2017; Lu and Wang, 2019）；用是否沿海岸线、是否沿长江及地形崎岖度度量一地区的地理条件。

变量	观测值	均值	标准差	最小值	最大值
保障女性土地权益					
妇联组织加入领导小组	51,993	0.466	0.499	0	1
方案中注明"女性'证上有名、名下有权'"	52,789	0.499	0.500	0	1
全面推进农村承包地经营权确权登记年份	47,095	2015.781	1.394	2013	2019
个体控制变量					
性别（女性为1，男性为0）	59,912	0.500	0.500	0	1
年龄	59,697	43.608	14.247	5	114
城乡（农业户口为1，非农业户口为0）	59,757	0.742	0.438	0	1
年收入	41,905	28520.890	61646.120	0	5900000
地级市控制变量					
人均GDP（元）	55,858	54420.750	31768.260	8809	167411
城市化（农村人口占比）	54,714	0.362	0.291	0.103	1
教育（每万人学校数）	55,858	3.166	4.162	0.169	33.209

二、基准回归

我们首先分析与男性相比，农村女性外出从业的概率是否

显著更低。表 8-2 回归（1）是针对农村样本的回归结果。我们控制了个体特征变量、地级市特征变量，同时也控制了地级市固定效应和年份固定效应。回归结果显示，农村女性外出从业的概率显著低于男性，比农村男性低了 9.5 个百分点。

表 8-2　农村女性外出从业与男性外出从业

变量	（1）
性别	−0.095*** （0.009）
个体控制变量	y
年龄	y
城乡	y
年收入	y
地级市控制变量	y
人均 GDP	y
城市化	y
教育	y
地级市固定效应	y
年份固定效应	y
聚类标准误	y
调整后 R^2	0.451
观测值	28,665

注：Y 表示控制，括号中为聚类标准误，标准误聚类到地级市层面，*、**、*** 分别代表在 10%、5% 和 1% 的显著性水平显著。

　　我们接着分析保障女性土地权益对农村女性从业结构的影响。回归结果见表8-3。回归（1）是用妇联组织加入农村土地确权登记工作领导组度量保障女性土地权益力度。回归（1）显示，性别这一变量的系数显著为负，说明在保障女性土地权益力度较小的地区，农村女性外出从业的概率显著低于男性；而性别与保障女性土地权益交乘项的系数显著为正，说明保障女性土地权益能够显著促进农村女性外出从业，并且可以使得外出从业的性别差异缩小一半左右。回归（2）是用农村土地确权登记工作方案中明确指出要保障妇女权益度量保障女性土地权益力度，回归结果与（1）基本相同，说明保障女性土地权益对土地征用收益性别差距的影响这一结果是稳健的，并不随所选度量指标的改变而变化。

表8-3　保障女性土地权益对农村女性从业结构的影响

变量	（1）	（2）
妇联组织加入领导小组*性别	0.049** （0.022）	—
方案中注明"女性'证上有名、名下有权'"*性别	—	0.045** （0.021）
性别	−0.102*** （0.0094）	−0.099*** （0.0093）

变量	（1）	（2）
妇联组织加入领导小组	−0.015 （0.025）	—
方案中注明"女性'证上有名、名下有权'"	—	−0.014 （0.025）
个体控制变量	y	y
地级市控制变量	y	y
地级市固定效应	y	y
年份固定效应	y	y
聚类标准误	y	y
调整后 R^2	0.448	0.449
观测值	27,770	27,395

注：Y 表示控制，括号中为聚类标准误，标准误聚类到地级市层面，*、**、*** 分别代表在 10%、5% 和 1% 的显著性水平显著。

三、考虑样本可比性

（一）平行趋势检验

双重差分设定的可靠性有一个关键假设——在政策发生前处理组和对照组之间不能存在显著的趋势差异，即满足平行趋势的条件下，双重差分结果才是政策干预的因果效应。这里采

用事件史分析方法进行平行趋势检验，同时考察农村土地确权登记中保障女性土地权益的动态效应。以农村土地确权登记政策发生前作为基准组，对比考察保障女性土地权益对女性地位的影响。参考 Duflo（2001）和 Qian（2008）的研究，设定如下的回归模型：

$$\text{从业结构}_{\text{个体 i 地级市 j 年份 } l} = m_0 + \sum_{l=2012}^{l=2018} (d_l * \text{性别}_{\text{个体 i}} * \text{农村女性土地权益保护}_{\text{地级市 j}}) \, m_l + X_{1\,\text{地级市 j 年份 t}} \, m_1 + X_{2\,\text{个体 i}} \, m_2 + n_j + o_t + p_{\text{个体 i 地级市 j 年份 t}}$$
$$(6)$$

其中，d_l 是指示函数，表示从社会调查数据可得的初始年份 2012 年至数据可得的最近年份 2016 年，第 l 年时 $d_l = 1$，否则为 0。回归（6）中的交互项系数 m_l 反映的是农村土地确权登记中保障女性土地权益政策对缩小农村人群外出从业性别差距的影响。如果农村土地确权登记中保障女性土地权益政策在 2012 年并不能显著缩小土地征用收益的性别不平等，那么政策前平行趋势成立。回归结果见表 8-4。表 8-4 的结果与我们的预期基本一致，无论我们选择用妇联组织加入农村土地确权登记工作领导组，还是用农村土地确权登记工作方案中明确指出要保障妇女权益度量保障女性土地权益力，保障女性土地权益的政策对 2012 年及 2014 年农村人群外出从业的性别差距都没

有影响，但是会显著缩小2016年农村人群外出从业的性别差距。

表8-4 平行趋势检验

序号	（1）	（2）	（3）	（4）	（5）	（6）
年份	2012 年		2014 年		2016 年	
妇联组织加入领导小组 * 性别	0.00022 (0.031)	—	0.0007 (0.018)	—	0.046** (0.019)	—
方案中注明"女性'证上有名、名下有权'" * 性别	—	−0.020 (0.030)	—	−0.0036 (0.018)	—	0.028# (0.019)
性别	−0.109*** (0.015)	−0.099*** (0.016)	−0.093*** (0.012)	−0.092*** (0.012)	−0.101*** (0.013)	−0.093*** (0.012)
妇联组织加入领导小组	0.268*** (0.014)	—	−0.055*** (0.009)	—	2.217*** (0.052)	—
方案中注明"女性'证上有名、名下有权'"	—	−0.176*** (0.013)	—	−1.771*** (0.018)	—	4.476*** (0.094)
个体控制变量	y	y	y	y	y	y
地级市控制变量	y	y	y	y	y	y
地级市固定效应	y	y	y	y	y	y
年份固定效应	y	y	y	y	y	y
聚类标准误	y	y	y	y	y	y
调整后 R^2	0.448	0.447	0.449	0.451	0.498	0.489

序号	（1）	（2）	（3）	（4）	（5）	（6）
年份	2012 年		2014 年		2016 年	
观测值	7,318	7,377	10,832	10,938	9,463	9,654

注：Y 表示控制，括号中为聚类标准误，标准误聚类到地级市层面，*、**、*** 分别代表在 10%、5% 和 1% 的显著性水平显著。

（二）控制地市特征与政策年份哑变量的交叉项

值得注意的是，土地确权登记中保障女性土地权益政策的力度并不一定是随机分布的，经济发展和城镇化水平、教育、文化等因素都可能影响当地保障女性土地权益政策的力度。不同地区之间的系统性差异可能造成，既使未实施女性土地权益保障，地区间女性地位的变化也存在显著差别。这种"处理组"和"对照组"选择的"非随机"和"异质性"，可能造成 DID 估计结果的有偏。虽然我们已经检验了政策前平行趋势，在这一节本文参考 Duflo（2001）和 Moser and Voena（2009）以及汪德华等（2019）应对 DID 处理组样本非随机的做法，在基准回归中控制住地市特征与政策年份哑变量的交叉项，以控制地市特征异质性带来的干扰，这种做法本质上是允许各地市的特征对政策全面推进之前与之后的影响存在差异的，此处的地市特征变量包括人均 GDP、城市化及教育水平。回归结果见表 8–5。表

8-5 的结果与表 8-3 的结果基本一致，说明我们的结果是稳健的。

表 8-5　控制地市特征与政策年份哑变量的交叉项

序号	（1）	（2）
妇联组织加入领导小组 * 性别	0.049** （0.022）	—
方案中注明"女性'证上有名、名下有权'" * 性别	—	0.045** （0.021）
性别	−0.102*** （0.0093）	−0.099*** （0.0093）
妇联组织加入领导小组	−0.032 （0.055）	—
方案中注明"女性'证上有名、名下有权'"	—	−0.022 （0.054）
个体控制变量	y	Y
地级市控制变量	y	Y
地级市控制变量 * 妇联组织加入领导小组	y	—
地级市控制变量 * 方案中注明"女性'证上有名、名下有权'"	—	Y
地级市固定效应	y	Y
年份固定效应	y	Y
聚类标准误	y	Y
调整后 R^2	0.448	0.449
观测值	27,713	27,338

注：Y 表示控制，括号中为聚类标准误，标准误聚类到地级市层面，* 、**、*** 分别代表在 10%、5% 和 1% 的显著性水平显著。

（三）基于多种方法进行样本选择的估计

为了进一步剔除经济、地理、文化等特征变量造成的遗漏变量问题，在这一节我们基于多种方法进行样本选择。首先考虑到地理上毗邻的两个地级市在经济、地理、文化上最相近，我们挑选与处理组地理上毗邻的控制组地级市以尽可能剔除地级市特征可能带来的估计偏误。回归结果见表 8-6 Panel A。结果显示，当我们仅保留与处理组地理距离最接近的控制组地级市时，实证结果与表 8-3 基本一致。

我们接着考虑经济发展水平最接近的两个地级市在经济、文化上最相近，我们挑选与处理组经济距离最接近的，即人均 GDP 最接近的控制组地级市以尽可能剔除地级市特征可能带来的估计偏误。回归结果见表 8-6 Panel B。结果显示，当我们仅保留与处理组经济距离最接近的控制组地级市时，实证结果与表 8-3 基本一致。

我们进一步考虑剔除人均 GDP 最高和最低的 10% 和 5%，以使得处理组和控制组在经济、文化等特征上更具可比性。回归结果见表 8-6 Panel C。实证结果与表 8-3 基本一致，进一步证明了本文结果的稳健性。

最后，考虑到女性年龄越大，家中需要照顾的人数多，家务负担沉重，外出从业的概率会显著下降（李旻、赵连阁、谭洪波，2007；熊瑞祥、李辉文，2017），各地区女性劳动力年龄结构的差异同样可能带来估计偏误。因此，我们逐一剔除 60 岁以上样本、50 岁以上样本和 40 岁以上样本，检验实证结果的稳健性。回归结果见表 8-6 Panel D。结果显示，当我们按照年龄删选样本之后，实证结果与表 8-3 基本一致。

表 8-6　基于多种方法进行样本选择的估计

Panel A 地理毗邻：只挑选与处理组毗邻的控制组地级市保留		
变量	根据"妇联组织加入领导小组"作为处理组	根据"方案中注明女性'证上有名、名下有权'"作为处理组
妇联组织加入领导小组 * 性别	0.051** (0.023)	—
方案中注明"女性'证上有名、名下有权'" * 性别	—	0.047** (0.021)
性别	−0.104*** (0.013)	−0.102*** (0.012)
妇联组织加入领导小组	−0.038 (0.026)	—
方案中注明"女性'证上有名、名下有权'"	—	−0.029 (0.026)

Panel A 地理毗邻：只挑选与处理组毗邻的控制组地级市保留		
调整后 R^2	0.471	0.462
观测值	18,919	20,627

Panel B：经济毗邻：只挑选与处理组人均 GDP 最接近的控制组地级市保留		
变量	根据"妇联组织加入领导小组"作为处理组	根据"方案中注明女性'证上有名、名下有权'"作为处理组
妇联组织加入领导小组 * 性别	0.048* (0.024)	—
方案中注明"女性'证上有名、名下有权'" * 性别	—	0.048** (0.021)
性别	−0.106*** (0.012)	−0.103*** (0.011)
妇联组织加入领导小组	−0.033 (0.028)	—
方案中注明"女性'证上有名、名下有权'"	—	−0.024 (0.025)
调整后 R^2	0.454	0.455
观测值	18,865	21,070

Panel C：剔除人均 GDP 最高和最低				
变量	剔除人均 GDP 最高和最低的各 5%		剔除人均 GDP 最高和最低的各 10%	
妇联组织加入领导小组 * 性别	0.048** (0.023)	—	0.047* (0.025)	—

143

续　表

Panel C：剔除人均 GDP 最高和最低				
方案中注明"女性'证上有名、名下有权'"*性别	—	0.045** (0.022)	—	0.044* (0.024)
性别	−0.102*** (0.010)	−0.101*** (0.010)	−0.104*** (0.010)	−0.102*** (0.010)
妇联组织加入领导小组	−0.015 (0.027)	—	−0.016 (0.029)	—
方案中注明"女性'证上有名、名下有权'"	—	−0.016 (0.026)	—	−0.017 (0.029)
调整后 R^2	0.434	0.435	0.418	0.418
观测值	24,286	24,189	21,697	21,600

Panel D：删选样本年龄结构					
变量	剔除 60 岁以上样本		剔除 50 岁以上样本		剔除 40 岁以上样本
妇联组织加入领导小组*性别	0.057*** (0.023)	—	0.059** (0.026)	—	0.044** (0.018)	—
方案中注明"女性'证上有名、名下有权'"*性别	—	0.053** (0.022)	—	0.056** (0.025)	—	0.037* (0.018)
性别	−0.109*** (0.010)	−0.106*** (0.010)	−0.097*** (0.012)	−0.096*** (0.012)	−0.052*** (0.012)	−0.051*** (0.011)
妇联组织加入领导小组	−0.023 (0.026)	—	−0.021 (0.031)	—	0.012 (0.027)	—

144

Panel D：删选样本年龄结构					
方案中注明"女性'证上有名、名下有权'"	—	−0.021 (0.026)	—	−0.020 (0.030)	—	0.013 (0.027)
调整后 R^2	0.437	0.438	0.422	0.424	0.419	0.418
观测值	23,976	23,671	17,780	17,585	9,919	9,830

注：Y 表示控制，括号中为聚类标准误，标准误聚类到地级市层面，*、**、*** 分别代表在 10%、5% 和 1% 的显著性水平显著。

四、机制检验

我们接着实证分析保障女性土地权益之后农村女性外出从业流向的具体职业和行业。回归结果见表 8-7。

表 8-7 农村女性外出从业流向的具体职业和行业

序号 变量	(1)	(2)	(3)	(4)	(5)	(6)	(7)	(8)
	个体工商户与自由工作者		服务业和制造业等		采掘、建筑、交通等		国家机关、集体企业等	
妇联组织加入领导小组 * 性别	0.027** (0.011)	—	0.033* (0.019)	—	-0.019 (0.018)	—	-0.0054 (0.0074)	—
方案中注明 "女性'证上有名、名下有权'" * 性别	—	0.028** (0.011)	—	0.027 (0.018)	—	-0.018 (0.018)	—	-0.0096 (0.0078)
性别	0.0032 (0.0027)	0.0034 (0.0027)	0.033*** (0.0057)	0.033*** (0.0058)	-0.101*** (0.0079)	-0.099*** (0.0078)	-0.0035* (0.0019)	-0.0031 (0.0019)
妇联组织加入领导小组	-0.0036 (0.015)	—	-0.027 (0.030)	—	-0.0007 (0.021)	—	0.0096 (0.0068)	—
方案中注明 "女性'证上有名、名下有权'"	—	-0.0016 (0.015)	—	-0.023 (0.029)	—	-0.0043 (0.021)	—	0.012* (0.0069)
调整后 R^2	0.076	0.076	0.226	0.228	0.096	0.095	0.027	0.027
观测值	27,770	27,395	27,770	27,395	27,770	27,395	27,770	27,395

注: Y 表示控制, 括号中为聚类标准误, 标准误差聚类到地级市层面, *、**、*** 分别代表在显著性水平 10%、5% 和 1% 上显著。

回归（1）和（2）是对从事个体工商经营与自由工作的回归结果。结果显示，性别与保障女性土地权益交乘项的系数显著为正，说明保障女性土地权益能够显著促进农村女性从事个体工商经营与自由工作，包括各类店主、自由职业者、零散工、摊贩、保姆等；而性别这一变量的系数为正，但是不显著，说明从事个体工商经营与自由工作的农村女性略多于男性，但是并不显著。回归（3）和（4）是对从事私营和外资企业中批发和零售贸易、餐饮、商业服务及制造业工作的回归结果。结果显示，性别与保障女性土地权益交乘项的系数显著为正，说明保障女性土地权益能够显著促进农村女性从事私营和外资企业中批发和零售贸易、餐饮、商业服务及制造业工作；性别这一变量的系数显著为正，说明从事私营和外资企业中批发和零售贸易、餐饮、商业服务及制造业工作的农村女性显著多于男性。回归（5）-（8）是对在国有企业、集体企业、事业单位、国家机关、社会组织和军队工作，以从事私营和外资企业中采掘、地质勘探、电力煤气水、建筑业、交通运输、仓储及邮电通信业、房地产、教育、文化艺术和广播电影电视业、科学研究和综合技术服务业以及金融保险工作的回归结果。结果显示，性别这一变量的系数显著为负，说明从事这两类工作的农村女性

显著少于男性；性别与保障女性土地权益交乘项的系数不显著，说明保障女性土地权益不能促进农村女性流向这两类工作。

这一结果与我们的预期一致：前两类工作的进入门槛低，农村女性在土地权益得到保障后选择外出从业较容易流向这两类工作，而后两类工作的进入门槛高，农村女性无法在短时间内进入这两种类型工作。

五、小　结

本章的研究为禀赋影响女性在家庭内部议价能力及其劳动参与率的文献提供新的经验证据。传统的劳动经济学观点认为，女性财富的增加会提高其在家庭内部议价能力并增加女性的闲暇时间，降低其工作时间（Schultz，1990；Rangel et al.，2012；Field et al.，2019）。近年来的家庭内部讨价还价理论及相关的实证分析却得出了相反的观点，他们发现女性财富的增加会提高其在家庭内部议价能力以及其从家庭财富分成，从而提高其劳动参与，特别是高技术密集型劳动参与（Gray，1998；Health and Tan，2020）。本章试图将家庭内部讨价还价理论引入到分析中国农村女性劳动力向非农部门转移的框架中，用农村土地确

权过程中保障女性土地权益这一外生冲击探究禀赋对女性在家庭内部议价能力及其劳动力供给的影响，将农村女性的劳动参与划分为低附加值劳动（农村女性务农）和高附加值劳动（农村女性非农从业，即指在各级党政机关、社会团体及企业、事业单位中工作），提出保障农村女性土地权益会增加其高附加值劳动参与、促进农村女性劳动力资源优化配置及劳动生产率的提高。随着中国城市化进程的推进，农村女性劳动力向非农部门转移不足的现象越来越受到关注。近年来的一些研究分别从劳动力市场报酬的性别差异、农村女性劳动力年龄、受教育程度、专业技能培训、婚姻状况、儿童照管、家庭分工模式等方面分析阻碍农村女性劳动力非农就业的因素（李实，2001；李旻、赵连阁、谭洪波，2007；刘妍、脱继强，2008；吕臣、彭淑贞，2014；熊瑞祥、李辉文，2017）。然而，迄今为止，尚无文献从外生禀赋的角度分析女性在家庭内部议价能力低对其向非农部门转移不足的影响。本章的研究对此类文献有所补充和拓展。

本章同时也期待能够丰富关于中国农村土地权益分配的性别差异与性别不平等的研究。中国的性别不平等问题近年来受到了越来越多的关注。既有文献通常认为这源于经济和文化因素（Basu，1989；Das Gupta et al.，2003；Ebenstein and Leung，

2010；Qian，2008；Zhang，2015； 张 川 川、马 光 荣，2017；
Lu and Wang，2019），但是迄今为止，少有研究关注政府政策
导致的禀赋性别差异的影响。国外文献已经关注到印度、智利
等国女性财产权利改革对性别不平等的影响（Deininger et al.，
2013；Roy，2015；Harari，2019；Calvi，2020；Health and
Tan，2020）。在中国，农村土地权益分配的性别差异是影响性
别不平等的最重要的政策之一。随着城市化进程的推进，土地
权益分配的性别差异不仅会导致性别财产不平等的进一步加剧，
也会阻碍我国"人口红利"的二次释放。然而，迄今为止，这方
面的绝大部分研究集中在分析妇女土地权利未得到有效保障的
原因，包括乡规民约与地方习俗（Judd，2007）、妇女出嫁、离
异（Belanger and Xu，2009；张洁，2015）、禁止土地调整的政
策（Belanger and Xu，2009；田传浩、陈佳，2013）。由于内生
性问题难以解决，很少有文献实证检验妇女土地权益的缺失对
其经济社会地位的影响。我们注意到，2014 年开始的农村土地
确权登记中保障女性土地权益的措施，将给我们提供很好的识
别工具，是实证检验女性土地权益对女性地位影响的良好契机。
本书准备实证检验保障女性土地权益的力度差异对性别平等及
劳动力资源配置的影响，并通过面板双重差分（Difference in

Difference，DID）及工具变量（Instrumental Variable，IV）识别其因果关系。

中国的历史传统和制度安排导致长期以来农村女性在土地权益上不平等。承包地及宅基地权利缺失使得农村女性不敢离开家乡，从而阻碍了其外出从业实现其比较优势。2016 年CLDS 调查数据显示，农村女性劳动力外出从业的比例仅 40%，比男性低了约 38%。这一事实意味着存在大幅度增加农村女性劳动力外出从业的潜在可能。

本节具有明显的政策含义。虽然农村妇女对承包土地及宅基地的实际权利缺失的现象已被广泛关注，2014 年开始农业部和全国妇联也各种文件中屡次强调"在开展土地承包经营权确权登记颁证工作中，要高度重视保障妇女的土地权益，保证农村妇女'证上有名'"，然而，仍有部分地区女性的土地权益得不到保障。本节探究农村女性土地权益的缺失是否会阻碍其外出从业，以及保障女性土地权益是否能有效促进其外出从业实现比较优势，对于改善农村女性劳动力从业结构，进一步扩展中国农村劳动力转移的空间，提高人力资源配置效率，释放经济增长的潜力，实现高质量发展具有重要的理论价值和现实意义。

结　语

　　中国的历史传统和制度安排导致长期以来农村女性在土地权益上不平等。土地权利界定的性别差异不仅会直接导致性别财产不平等，并进一步带来农村性别失衡、家庭暴力等后果，更为严重的是，随着城市化进程的推进，女性土地权利的缺失使其往往难以平等地享受土地流转、入股、征用等产生的收益，性别财产不平等问题会在城市化进程中进一步恶化。

　　这种背景下该如何避免城市化进程带来的性别财产不平等的进一步扩大及农村女性劳动力资源配置的低效？农业部和全国妇联将 2010 年开始全面铺开的农村土地确权登记成为保障女性土地权益的一次契机。2014 年，农业部和全国妇联强调要"保障女性土地权益，做到女性'证上有名、名下有权'"。然

而，这一政策在具体的实施过程中存在很大的地区差异。有的地区推进保障女性土地权益的力度大，同级妇联组织加入确权登记颁证工作领导组中，以保证农村妇女土地权利在确权登记颁证过程中得到保障。然而，仍有部分地区不够重视本次农村土地承包经营权确权登记过程中保障女性权益问题。《全国妇联关于在深化农村改革中维护妇女土地权益的提案》（2018）披露的数据显示，直到 2018 年，仍有 30.4% 的女性在土地承包经营权证上没有登记姓名。

本书通过梳理历史上女性土地权益的变迁过程，探究了女性土地权益从得到失、再从失到得这一过程对女性地位的影响。首先分析历史上女性土地权益从得到失对历史上女性在夫死无子情况下被丈夫族人夺走土地房产现象的影响。接着分析女性土地权益缺失对当前性别财产不平等及其在城市化进程中的进一步加剧、当前农村性别失衡、家庭暴力及女性劳动力就业结构不合理等的影响。最后，通过本轮农村土地承包经营权确权登记过程中保障女性土地权益，研究保障女性土地权益对避免城市化进程中性别财产不平等进一步加剧、改善农村性别失衡、家庭暴力、促进农村女性劳动力就业结构合理化的影响。

　　本研究具有明显的政策含义。虽然农村妇女对承包土地及宅基地的实际权利缺失的现象已被广泛关注，从 2014 年开始，农业部和全国妇联也在各种文件中屡次强调"在开展土地承包经营权确权登记颁证工作中，要高度重视保障妇女的土地权益，保证农村妇女'证上有名'"；然而，仍有部分地区女性的土地权益得不到保障。2018、2019 和刚刚召开的 2021 年两会提案中均有涉及农村女性无法享有平等的土地权益保障的提案（全国妇联，2018；陆銮眉，2019；陈中红，2021），说明农村女性土地权益问题仍然突出。本书的研究发现，保障女性土地权益能够显著避免城市化进程中性别财产不平等的进一步扩大，降低农村性别失衡，并改善农村女性劳动力就业结构。这说明政府政策带来的禀赋的性别差异确实会显著影响性别平等，而政府力量确实可以显著缩小性别不平等。

　　影响性别不平等的因素很多，包括经济因素、文化因素等，其中绝大部分是长期历史所形成的且难以改变的，而这其中政府政策是最容易改变且能够产生立竿见影效果的，因此，我们一定要避免政府政策偏差造成的性别差异。本书的研究为农村土地承包经营权及接下来的宅基地确权登记中保障妇女土地权

益提供学理依据，对于城市化进程中改善性别不平等、避免性别财产不平等的进一步恶化，也对推进中国女性地位的提高和经济效率的改善、推动男女平等基本国策更好落实具有重要的理论价值和现实意义。

参考文献

［1］第三期中国妇女社会地位调查课题组.第三期中国妇女社会地位调查主要数据报告2008—2012年［M］//中国性别平等与妇女发展报告.北京：社会科学文献出版社，2013.

［2］董家遵.历代节妇烈女的统计［M］//高洪兴，徐锦钧.妇女风俗考.上海：上海文艺出版社，1991.

［3］董家遵.中国古代婚姻史研究［M］.广州：广州人民出版社，1995.

［4］国务院发展研究中心课题组.中国新型城镇化道路、模式和政策［M］.北京：中国发展出版社，2014.

［5］谢重光.客家文化与妇女生活［M］.上海：上海古籍出版社，2005.

［6］徐维华，马立成.河北省农村妇女土地权益调查报告［M］.当代中国妇女权益保障的理论与实践，北京：中国工人出版社，2001.

［7］中华全国妇女联合会权益部. 维护农村妇女土地权益报告［M］.

北京：社会科学文献出版社，2013.

［8］周其仁. 城乡中国（上）［M］. 北京：中信出版社，2013.

［9］朱庆华. 封建私有制与中国古代妇女的从属地位及其社会性成人

身份的丧失——以中国古代妇女的经济活动为例［M］. 上海：

上海出版社，2001.

［10］陈斌开，林毅夫. 发展战略、城市化与中国城乡收入差距［J］.

中国社会科学，2013（4）：81—102.

［11］陈斌开，马宁宁，王丹利. 土地流转、农业生产率与农民收入

［J］. 世界经济，2020（10）：97—120.

［12］陈晓光. 财政压力、税收征管与地区不平等［J］. 中国社会科

学，2016（4）：53—70+206.

［13］全国妇联. 关于在深化农村改革中维护妇女土地权益的提案

［J］. 中国妇运，2018（3）：18—19.

［14］第二期中国妇女社会地位调查课题组. 第二期中国妇女社会地

位抽样调查主要数据报告［J］. 妇女研究论丛，2001（5）：4—

12.

［15］李实. 农村妇女的就业与收入——基于山西若干样本村的实证

分析［J］. 中国社会科学，2001（3）：56—69.

［16］李梦华，袁宗梁. 基于社会性别视角的农村妇女土地权益问题

研究［J］. 湖北农业科学，2017（12）：4698—4671.

［17］梁超，王素素．教育公共品配置调整对人力资本的影响——基于撤点并校的研究［J］．经济研究，2020（9）：138—154.

［18］林伯强，刘希颖．中国城市化阶段的碳排放：影响因素和减排策略［J］．经济研究，2010（8）：66—78.

［19］刘克春，林坚．农村已婚妇女失地与农地流转——基于江西省农户调查的实证研究［J］．中国农村经济，2005（9）：48—55.

［20］陆铭．从分散到集聚：农村城镇化的理论、误区与改革［J］．农业经济问题，2021（9）：27—35.

［21］陆铭，常晨，王丹利．制度与城市：土地产权保护传统有利于新城建设效率的证据［J］．经济研究，2018（6）：171—185.

［22］陆铭，陈钊．城市化、城市倾向的经济政策与城乡收入差距［J］．经济研究，2004（6）：50—58.

［23］陆铭，张爽，佐藤宏．市场化进程中社会资本还能够充当保险机制吗？——中国乡村家庭灾后消费的经验研究［J］．世界经济文汇，2010（1）：16—38.

［24］马磊．中国城市化与环境质量研究［J］．中国人口科学，2010（2）：73—81.

［25］毛其淋．人力资本推动中国加工贸易升级了吗？［J］．经济研究，2019（1）：52—67.

［26］邵帅，李欣，曹建华．中国的城市化推进与雾霾治理［J］．经济研究，2019（2）：148—165.

［27］田传浩，陈佳.禁止土地调整与妇女土地权利保障——基于浙江和陕西的经验［J］.经济学（季刊），2013（1）：719—734.

［28］万广华.城镇化与不均等：分析方法和中国案例［J］.经济研究，2013（5）：73—86.

［29］汪德华，邹杰，毛中根."扶教育之贫"的增智和增收效应——对20世纪90年代"国家贫困地区义务教育工程"的评估［J］.经济研究，2019（9）：155—171.

［30］王丹利，陆铭.农村公共品提供：社会与政府的互补机制［J］.经济研究，2020（9）：155—173.

［31］王丹利，陆铭.乡土中国的现代化——乡村基层治理中的政府和社会［J］.学术月刊，2020（7）：48—56.

［32］王丹利，周文.从幼子继承到长子继承：女性的生育还是贞洁?［J］.工作论文，2020.

［33］王景新.中国农村妇女土地权利：现状、意义与趋势［J］.中国农村经济，2003（6）：25—31.

［34］王亚菲.城市化对资源消耗和污染排放的影响分析［J］.城市发展研究，2011（3）：53—57,71.

［35］熊瑞祥，李辉文.儿童照管、公共服务与农村已婚女性非农就业——来自CFPS数据的证据［J］.经济学（季刊），2017（1）：393—414.

［36］杨继东，杨其静.保增长压力、刺激计划与工业用地出让［J］.

经济研究, 2016 (1): 99—113.

[37] 杨汝岱, 陈斌开, 朱诗娥. 基于社会网络视角的农户借贷需求行为研究 [J]. 经济研究, 2011 (11): 116—129.

[38] 姚洋. 中国农村土地制度安排与农业绩效 [J]. 中国农村观察, 1998 (6): 1—10.

[39] 张洪. 我国城市土地供应政策的经济分析——以云南为例 [J]. 财贸经济, 2007 (6): 91—97.

[40] 张川川, 马光荣. 宗族文化与男孩偏好 [J]. 世界经济, 2017 (3): 122—143.

[41] 张吉鹏、卢冲. 户籍制度改革与城市落户门槛的量化分析 [J]. 经济学 (季刊), 2019 (4): 1509—1530.

[42] 张洁. 传统法文化视阈下农村女性土地权益保护研究 [J]. 陕西社会科学, 2015 (10): 95—99.

[43] Alston, Lee J., and Joseph P. Ferrie. *Southern Paternalism and the Rise of the American Welfare State: Economics, Politics, and Institutions in the South, 1865—1965* [M]. New York; Cambridge University Press, 1999.

[44] Browning, M., P.A. Chiappori, and Y. Weiss. *Economics of the Family* [M]. Cambridge University Press, 2014.

[45] Glaeser,E. L. Cities, *Agglomeration, and Spatial Equilibrum* [M]. Cambridge: Oxford University Press chapter14, 2008.

［46］Rangel, Marcos A. and Duncan Thomas. *Gender, Production and Consumption: Allocative Efficiency within Farm Households* ［M］. Photocopy, Princeton: Princeton University, 2012.

［47］Rozman, G. *Urban Networks in Ch'ing China and Tokugawa Japan* ［M］. Princeton: Princeton University Press, 1974.

［48］Acemoglu, D. and Robinson J. Persistence of Power, Elites and Institutions ［J］. *American Economic Review*, 2008, 981: 267—293.

［49］Alston, L.J., Libecap, G.D., Schneider, R. The Determinants and Impact of Property Rights: Land Titles on the Brazilian Frontier ［J］. *The Journal of Law, Economics, and Organization*, 1996, 121: 25—61.

［50］Anderson, Siwan and Garance Genicot. Suicide and Property Rights in India ［J］. *Journal of Development Economics*, 2015, 114: 64—78.

［51］Attanasio, Orazio P. and Valerie Lechene. Efficient Responses to Targeted Cash Transfers ［J］. *Journal of Political Economy*, 2014, 122: 178—222.

［52］Bai, Y. and Jia, R. Elite Recruitment and Political Stability: The Impact of the Abolition of China's Civil Service Exam System ［J］. *Econometrica*, 2016, 842: 677—733.

［53］Bai, Y. and Kung, J. Diffusing Knowledge while Spreading God's Message: Protestantism and Economic Prosperity in China, 1840—1920 ［J］. *Journal of the European Economic Association*, 2015, 134: 669—698.

［54］Banerjee, A. and Lyer, L. History, Institutions and Economic Performance: The Legacy of Colonial Land Tenure Systems in India ［J］. *The American Economic Review*, 2005, 954: 1190—1213.

［55］Belanger, D and Xu, L. Agricultural Land, Gender and Kinship in Rural China and Vietnam: A Comparison of Two Villages ［J］. *Journal of Agrarian and Change*, 2009, 94: 204—230.

［56］Besley T. Property rights and investment incentives: Theory and evidence from Ghana ［J］. *Journal of Political Economy*, 1995, 1035: 903—937.

［57］Browning, M., P.A. Chiappori, and A. Lewbel. Estimating Consumption Economies of Scale, Adult Equivalence Scales, and Household Bargaining Power ［J］. *Review of Economic Studies*, 2013, 80: 1267—1303.

［58］Calvi Rossella. Why Are Older Women Missing in India? The Age Profile of Bargaining Power and Poverty ［J］. *Journal of Political Economy*, 2020, 1287: 2453—2501.

［59］Chen, T. and Kung, J.K. Busting The Princelings: The Campaign

against Corruption in China's Primary Land Market [J]. *The Quarterly Journal of Economics*, 2019, 134: 185—226.

[60] Deininger, Klaus, Aparajita Goyal, and Hari Nagarajan. Women's Inheritance Rights and Intergenerational Transmission of Resources in India [J]. *Journal of Human Resources*, 2013, 48: 114—141.

[61] Duflo, E. Schooling and Labor Market Consequences of School Construction in Indonesia: Evidence from an Unusual Policy Experiment [J]. *American Economic Review* 2001, 914: 795—813.

[62] Dunbar, G. R., A. Lewbel, and K. Pendakur. Children's Resources in Collective Households: Identification, Estimation, and an Application to Child Poverty in Malawi [J]. *American Economic Review*, 2013, 103: 438—71.

[63] Easterly. Was Development Assistance a Mistake? [J]. *American Economic Review*, 2007, 972: 328—332.

[64] Engermann, K. and Sokoloff, S. History Lessons: Institutions, Factor Endowments and Paths of Development in the New World [J]. *Journal of Economic Perspectives*, 2000: 217—232.

[65] Galor, O., Moav, O., & Vollrath, D. Inequality in landownership, the emergence of human-capital promoting institutions, and the great divergence [J]. *The Review of Economic Studies*, 2009, 761:

143—179.

[66] Goldstein, M. and Udry, C. The Profits of Power: Land Rights and Agricultural Investment in Ghana [J] . *Journal of Political Economy*, 2008, 116(6): 981—1022.

[67] Gray, Jeffrey S. Divorce-Law Changes, Household Bargaining, and Married Women's Labor Supply [J] . *American Economic Review*, 1998, 883: 628—642.

[68] Harari Mariaflavia. Women's Inheritance Rights and Bargaining Power: Evidence from Kenya [J] . *Economic Development and Cultural Change*, 2019, 681: 189—238.

[69] Heath Rachel and Xu Tan. Intrahousehold Bargaining, Female Autonomy, and Labor Supply: Theory and Evidence from India [J]. *Journal of the European Economic Association*, 2020, 184:1928— 1968.

[70] Hsieh, C., Hurst, E., Jones, C.I. and Klenow P.J. The Allocation of Talent and U.S. Economic Growth [J] . *Econometrica*, 2019, 875: 1439—1474.

[71] Jacoby, H.G., Li, G., Rozelle, S. Hazards of Expropriation: Tenure Insecurity and Investment in Rural China [J] . *American Economic Review*, 2002, 925: 1420—1447.

[72] Judd, E. No Change for Thirty Years: The Renewed Question of

Women's Land Rights in Rural China ［ J ］ . *Development and Change*, 2007, 384: 689—710.

［ 73 ］ Lu, M., and Wan, G. Urbanization and Urban Systems in the People' Republic of China: Research Findings and Policy Recommendations ［ J ］ . *Journal of Economic Surveys*, 2014: 1—15.

［ 74 ］ Markus G. and Udry C. The Profits of Power: Land Rights and Agricultural Investment in Ghana ［ J ］ . *Journal of Political Economy*, 2008, 1166: 981—1022.

［ 75 ］ Moser, P., and Voena, A. Compulsory Licensing: Evidence from the Trading with the Enemy Act ［ J ］ . *American Economic Review*, 2009, 1021: 396—427.

［ 76 ］ Needham, J. and Huang, R. The nature of Chinese society: A technical interpretation ［ J ］ . *Journal of Oriental Studies*, 1974, 12: 1—16.

［ 77 ］ Nunn, N. and Wantchekon, L. The Slave Trade and the Origins of Mistrust in Africa ［ J ］ . *American Economic Review*, 2011, 101: 3221—3252.

［ 78 ］ Parikh, J., and Shukla, V. Urbanization, Energy Use and Greenhouse Effects in Economic Development: Results from a Cross-national Study of Developing Countries ［ J ］ . *Global Environmental Change*, 1995, 5(2): 87—103.

［79］Qian, N. Missing Women and the Price of Tea in China: The Effect of Sex—Specific Earnings on Sex Imbalance ［J］. *Quarterly Journal of Economics*, 2008, 123 (3): 1251—1285.

［80］Rosenblum, D. Unintended Consequences of Women's Inheritance Rights on Female Mortality in India ［J］. *Economic Development and Cultural Change*, 2015, 63: 223—248.

［81］Roy, Sanchari. Empowering Women? Inheritance Rights, Female Education and Dowry Payments in India ［J］. *Journal of Development Economics* 2015, 114: 233—251.

［82］Schultz, T. Paul. Testing the Neoclassical Model of Family Labor Supply and Fertility ［J］. *Journal of Human Resources*, 1990, 25: 599—634.

［83］Tombe, T., and Zhu, X. Trade, Migration and Productivity: A Quantitative Analysis of China ［J］. *American Economic Review*, 2015, 1095: 1843—72.

［84］Wen, G. J., and Xiong, J. The Hukou and Land Tenure Systems as Two Middle Income Traps—the Case of Modern China ［J］. *Frontiers of Economics in China*, 2014, 9 (3): 438—459.

［85］Xu, B., and Lin, B. How Industrialization and Urbanization Process Impacts on CO_2 Emissions in China: Evidence from Nonparametric Additive Regression Models ［J］. *Energy Economics*, 2015, 48:

188—202.

[86] Chong, T., Guo, D. and Wang, D. Land Tenure Legacy, Constraints on Executives, and Economic Development: Evidence from China [D] . Mimeo, The Chinese University of Hong Kong, 2018.

[87] Engermann, K. and Sokoloff, S. Factor Endowments, Inequality, and Paths of Development Among New World Economies [D] . Working paper 9259. NBER, Cambridge, 2002.

[88] Field, Erica M. & Rohini Pande & Natalia Rigol & Simone G. Schaner & Charity Troyer Moore. On Her Own Account: How Strengthening Women's Financial Control Affects Labor Supply and Gender Norms [D] . NBER Working Papers 26294, National Bureau of Economic Research, Inc, 2019.

[89] Lu, M. and Wang, D. From the Kungfu's Curse: The Effect of Clan Conflicts on Education and Its Evolution [D] . Mimeo, 2019.

[90] Mathur, Aparna and Sita Slavov. Escaping Domestic Violence: Empowering Women through Employment, Earnings and Wealth in India [D] . AEI Economic Policy Working Paper, 2013.

图书在版编目（CIP）数据

土地权益分配的性别差异与农村女性经济社会地位研究 / 王丹利著. —北京：九州出版社，2023.7

ISBN 978-7-5225-1929-6

Ⅰ.①土…　Ⅱ.①王…　Ⅲ.①土地征用－经济利益－分配(经济)－性别差异－研究－中国　②农村－妇女地位－研究－中国　Ⅳ.①F321.1　②D442.7

中国国家版本馆CIP数据核字（2023）第113252号

土地权益分配的性别差异与农村女性经济社会地位研究

作　者	王丹利　著
责任编辑	陈春玲
出版发行	九州出版社
地　址	北京市西城区阜外大街甲35号（100037）
发行电话	（010）68992190/3/5/6
网　址	www.jiuzhoupress.com
印　刷	天津中印联印务有限公司
开　本	880毫米×1230毫米　32开
印　张	5.75
字　数	100千字
版　次	2023年7月第1版
印　次	2023年7月第1次印刷
书　号	ISBN 978-7-5225-1929-6
定　价	49.00元

国家自然科学基金青年基金项目农村土地权益分配的性别差异对女性经济社会地位的影响及作用机制研究（72103131）资助

土地权益分配的性别差异与农村女性经济社会地位研究

王丹利◎著

九州出版社
JIUZHOUPRESS